GERHARD HENSCHEL

ZUNGEN-BRECHER

| Hoffmann und Campe |

1. Auflage 2012
Copyright © 2012 by
Hoffmann und Campe Verlag, Hamburg
www.hoca.de
Gesetzt aus der ITC Mendoza und der Woddstamp
Satz: Dörlemann Satz, Lemförde
Druck und Bindung: Friedrich Pustet, Regensburg
Printed in Germany
ISBN 978-3-455-40363-3

HOFFMANN
UND CAMPE

Ein Unternehmen der
GANSKE VERLAGSGRUPPE

Inhalt

Einleitung

Was um Gottes willen ist denn bloß an Zungenbrechern so schön, daß wir sie mit der Muttermilch einsaugen, auf dem Schulhof weitersagen und sie später auch im Biergarten immer wieder gern hervorkramen? Was ist so erfreulich daran, daß die deutsche Sprache in Ulm und um Ulm herum noch ganz andere und viel verwegenere Zungenbrecher bereithält als den sattsam bekannten Fischersfritzen, einen Cottbusser Postkutschkasten, Blaukraut, Brautkleider, fleißige Scheitspleißer, Rauchlachs mit Lauchreis, Grillen grillende Grillen, lilane Flanelläppchen, schwimmende Schminkschwämmchen, zwischen zwei Zwetschgenzweigen zwitschernde Schwalben, in einem Fichtendickicht flink pickende Finken, einen vom Whiskymixer gemixten Whisky, einen Plakate klebenden Kaplan, Streichholzschächtelchen aus tschechischen Zechen, einen konstantinopolitanischen Dudelsackpfeifenmachergesellen, einen Donaudampfschiffahrtsgesellschaftskapitän und eine die Treppe krummtretende Katze? Und weshalb kennt das Vergnügen keine Grenzen, wenn wir im reiferen Alter dahinterkommen, daß es in jedem Dialekt und auch in jeder Fremdsprache die abenteuerlichsten Zungenbrecher gibt, an deren einwandfreier Wiedergabe wir uns glücklos erproben?

Der Wachsmaskenmacher macht Wachsmasken aus Wachsmaskenwachs.

Schon dieser schlichte hochdeutsche Zungenbrecher stellt uns vor Probleme, die ins Unermeßliche wachsen, wenn wir uns in der Fremde umtun. Beim Urlaub in der Schweiz wird ein gebürtiger Hamburger nicht auf Anhieb begreifen, worum es geht, wenn am Nebentisch davon die Rede ist, daß der Papst das Besteck für den Speck zu spät bestellt habe:

D'r Papscht hätt's Spackchbesteckch z' spät b'stellt.

Und dieser Reisende würde auch etwas weiter nördlich stutzen, wenn er die Variante vernähme, daß der Papst »'s Schbeckschbätzlesbschdeck z'schbäd bschdelld« habe. Im Gegenzug steht jeder Schwabe vor einem Rätsel, wenn er auf der Nordseeinsel Spiekeroog mit der Aussage konfrontiert wird:

Wenn hei nei so'n hart Hart harr hätt, hätt hei hör hätt.

Das heißt: »Wenn er nicht so ein hartes Herz gehabt hätte, hätte er sie gehabt.« Und es erinnert vage an einen wiederum jedem Niedersachsen unverständlichen Stoßseufzer eines Niederbayern über die Krise der Viehwirtschaft:

Hiaamermehihat!

Was auf hochdeutsch heißt: »Früher haben wir mehr Kühe gehabt.« Gleichfalls aus Bayern stammt die Aussage eines Lebewesens, das von sich behauptet, es habe ohnehin jedes Jahr ein Ei gelegt:

I ho eh oe joa a oa oi.

Hier handelt es sich nun allerdings nicht mehr um Zungenbrecher, sondern ganz schlicht um nachlässig gelallte Aussagen im Dialekt. »Wenn ich kommen kann, komme ich, aber ich werde wohl kaum kommen können« – das versteht jeder. Weitaus schwerer verständlich wirkt die gleiche Auskunft in einer der Mundarten, mit denen der liebe Gott die Menschheit anläßlich des Turmbaus zu Babel geschlagen hat:

> **Wonn i kemma ko, kimm i, i wia owa koam kemma kinna.**

Oder nehmen wir die simple Mitteilung, daß jemand daheim auch über ein Marmeladeneimerchen verfüge. Auf fränkisch soll sie sich folgendermaßen anhören:

> **A Mamaladaamala hamma aa daham.**

Wenn man das Volk um Zungenbrecher bittet, wird man etwas öfter als nötig mit den Versen über den Leutnant von Leuthen beliefert, der seinen Leuten befohlen habe, mit dem Läuten erst dann zu beginnen, wenn er den Leuthener Leuten das Läuten befehle. Darin gleicht dieser Leutnant dem in Großbritannien wohlbekannten Mädchen Betty Botter, das zum Butterkauf ausgeschickt wird und an der verdorbenen Butter verzweifelt, die es in den Teig hineinrühren soll:

> **Betty Botter bought some butter.**
> **But she said the butter's bitter,**
> **If I put it in my batter**
> **It'll make my batter bitter.**
> **So she bought some better butter**
> **Better than the bitter butter,**
> **And she put it in her batter**
> **And it made her butter better.**

Einer gutgeschulten Zunge bereiten solche Sprachspielereien keine nennenswerten Schwierigkeiten. Der Spaß, den man daran haben kann, verdankt sich dem reizvollen Kontrast zwischen einer recht klaren Mitteilung und dem scheinbar sinnlosen Gebrabbel, in dem sie vorgetragen wird. Der gleiche Effekt ergibt sich aus dem englischen Gedicht über einen Flötenlehrer, der von seinen zwei Schülern gefragt wird, ob er das Flötenspielen anstrengender finde als das Erteilen des Flötenunterrichts:

> A tutor who tooted the flute
> Tried to tutor two tutors to toot.
> Said the two to their tutor:
> »Is it harder to toot or
> To tutor two tooters to toot?«

Ganz ähnlich verhält es sich mit den Schüttelreimen, die Sigmund Freud als »die harmlosesten aller Witze« bezeichnet hat. Die meisten lassen sich ohne größere Komplikationen mündlich wiedergeben.

> Es klapperten die Klapperschlangen,
> bis ihre Klappern schlapper klangen.

Die enorme Beliebtheit dieses Schüttelreims verdankt sich vermutlich nicht zuletzt der Tatsache, daß er nebenbei sogar einen Sinn ergibt. Das kann man von den Exemplaren, die der Dichter F. W. Bernstein verfaßt hat, nicht behaupten, aber auch sie zielen darauf ab, uns einzig und allein Vergnügen zu bereiten:

> Abends geht der Taschenrechner
> Vollends auf den Rachenteschner,
> räkelt auf dem Reschentachner,
> unser alter Teschenrachner.

Auf die Spitze getrieben hat Bernstein diese Kleinkunst in einem anderen Fall von »lyrischer Schüttellähmung«:

Keinesfalls ist Kassel schlecht
als Schauplatz für die Kesselschlacht,
weil nicht nur der Schlessel kacht,
sondern auch der Schlasselkecht.

Von solchem hochartifiziellen Nonsens unterscheidet sich
der Zungenbrecher herkömmlicher Bauweise durch die faden-
scheinige Vortäuschung einer nachvollziehbaren sachlichen
Information wie beispielsweise der deutsche, wonach der Flugplatzspatz auf dem Flugplatz Platz genommen habe, oder der
französische, der besagt, daß die 606 auf der Brust eines Menschen sitzenden Blutegel erfolglos seien, wenn es ihnen miß-
linge, ihm sein Blut auszusaugen:

Si ces six cents six sangsues sont sur son sein sans sucer
son sang, ces six cents six sangsues sont sans succès.

Die kindliche Freude an der Lautmalerei hat schon viele Menschen dazu verleitet, mehr oder weniger sinnige Aussagen in
ulkig klingende Worte zu kleiden. »Meine Schwester sagt, daß
meine Fußnägel schmutzig seien. Da habe ich mir meine
schmutzigen Fußnägel geschnitten.« Wenn ein Malaie diesen
Sachverhalt zum Ausdruck bringen möchte, sagt er kurz und
bündig:

Kakak ku kata, kuku kaki ku kotor. Ku kikis kuku kotor
kaki ku.

Das hört sich ebenso überzeugend an wie die in Tansania auf
Swahili gestellte Frage an einen Bruder, wo seine Hühner sich
aufhielten:

Kale kakuku kadogo ka kaka kako wapi kaka?

Von dort aus ist es nicht mehr weit bis zu einer Sage der süd-
afrikanischen Xhosa, die darauf hinausläuft, daß ein Stinktier
einen Berg überquert und sich bei einem Sturz den Hals gebro-
chen habe:

**Iqaqa laqabaleka iqhini latyibalika laqhawula
uqhoqhoqho.**

Sehr viel schöner hätte man das wohl auch auf albanisch nicht
formulieren können. Wie man in Tirana eine Tasse mit Deckel
und eine deckellose Tasse nennt, läßt sich unter http://www.
uebersetzung.at/twister/index.htm ermitteln:

Kupa me kapak, kupa pa kapak.

Von der dort abrufbaren gigantischen Zungenbrecherkollek-
tion ist überhaupt zu sagen, daß sie alle vorangegangenen Pri-
vatinitiativen in den Schatten stellt. Auch der Verfasser dieses
Buchs, der sich über Jahre hinweg redlich um die Erweiterung
seiner Sammlung bemüht hat, kann nur auf viel bescheidenere
Erfolge zurückblicken und weiß, was er dem Fleiß der Zuträger
verdankt.
Doch zurück zur Sache. Nicht minder knackig klingt in Anda-
lusien die Aufforderung, einen Sack Salz zum Trocknen in den
Sonnenschein zu befördern:

Zaca er zaco de za ar zo pa que ze zeque.

Schwerstarbeit muß das gesamte Mundwerk auch verrichten,
wenn ein gewisser Paquito in Venezuela nach und nach einige
Weingläser in ein paar Pakete packt:

**Poquito a poquito Paquito empaca poquitas copitas en
pocos paquetes.**

Fast kinderleicht hört sich das alles an, wenn man sich danach den härtesten osteuropäischen Zungenbrechern widmet, beispielsweise dem polnischen, in dem es um drei Tschechen geht, die von drei tschechischen Hütten hergekommen sind:

Spod czeskich strzech szlo Czechów trzech.

Oder wenn man ohne Schulung das steile Konsonantengebirge des kompaktesten tschechischen Zungenbrechers erklimmt, der besagt, daß man sich den Finger in den Hals stecken solle:

Strč prst skrz krk.

Das hört sich an wie das Zerbersten morscher Stuhlbeine auf den Köpfen zerstrittener Nachtschwärmer, und zwar sogar in den Ohren deutscher Sprachliebhaber, die sich im klaren darüber sind, daß ihr eigenes Idiom wiederum in den Ohren der Franzosen, der Italiener und der Spanier den Geräuschen einer Wirtshausschlägerei verdächtig ähnelt. Eine Zunge, die sich von der ungewohnt beschwerlichen Bergsteigerei in osteuropäischen Fremdsprachen erholen möchte, begegnet in West- und Südwesteuropa anderen und nicht durchweg leichter zu meisternden Herausforderungen. Nehmen wir Galo, der an einem See eintrifft und dort nach einer Weile dem eingebildeten, aus großer Entfernung angereisten Maulhelden Lugo begegnet:

Llega Galo al lago y liga luego al lego de Lugo muy largo en lengua que al lago llega tras luengas leguas.

Wenn man das flüssig aussprechen kann, mag es sich immer noch melodiöser anhören als das sanfteste tschechische Wiegenlied. Aber auch der gewandteste mediterrane Schnellredner sollte sich in seiner Muttersprache nicht vor allen Stolperfallengefahren gefeit fühlen. Dafür dürfte sich jeder Franzose verbürgen, der schon einmal danach gefragt hat, ob er sich hier in der Nähe seines teuren Freundes Serge befinde:

Und selbst die so bewundernswert elegant parlierenden Romanen kämen ihrerseits ins Schlingern, wenn sie Loriots berühmtes Jodeldiplom erwerben und den Jodler imitieren müßten:

Holleri du dödl di, diri diri dudl dö.

Leider wissen wir nicht, welche köstlichen Zungenbrecher mit den mysteriösen Urgermanen, den Bewohnern der sagenhaften Insel Atlantis, den Neandertalern und anderen analphabetischen Erdenkindern verschollen sind. Es spricht aber nichts gegen die Vermutung, daß in jeder menschlichen Gemeinschaft mit der Fähigkeit zur Artikulation im gleichen Maße das Vergnügen am Verhaspeln gewachsen ist.

Es würde zu weit führen, von hier aus in die ungeheure Stimmenvielfalt des Tierreichs abzuschweifen. Bemerkenswert ist in diesem Zusammenhang dann aber doch die Zungenfertigkeit der Singvögel. In seinem 2005 neuaufgelegten »Bestimmungsbuch der deutschen Vogelstimmen« hat der Naturforscher Hans Zacharias einige charakteristische Vogelgesänge schriftlich festzuhalten versucht: »Jyrijyrijyrijyr«, so singe die Weindrossel, während der Weidenlaubvogel sich mit »djelm-djelm-djelm-djelm« Gehör verschaffe und der sogenannte Waldschwirrvogel seiner Kehle eine noch komplexere Tonfolge entlocke, nämlich:

St wst wistist wst wist wist wist
wstististsippsippsipsipsipsirrrrrrrr.

Das soll ihm erst einmal jemand nachmachen, dem Waldschwirrvogel. Wir sollten uns jedenfalls nicht allzuviel darauf einbilden, daß es uns leichter fiele als ihm, bei einem Sektempfang in Penryndendraith die Herren Chang Hsüeh-ch'eng und Přemysl Bičousky einander vorzustellen und mit ihnen über

Zbigniew Brzezinskis Polenpolitik zu plaudern oder über Györgi Ligetis Möhrenkonsum oder gar noch über das legendäre, von Monty Python's Flying Circus unternommene Experiment eines Interviews mit dem schwerhörigen Komponisten Johann Gambolputty de von Ausfernschplenden-schlitter-crasscrenbon-fried-digger-dingle-dangle-dongle-dungleburstein-vonknacker-thrasher-apple-banger-horowitz-ticolensic-granderknotty-spelltinklegrandlich-grumblemeyer-spelterwasserkurstlich-himbleeisen-bahnwagen-gutenabend-bitteein-nürnburger-bratwustle-gerspurten-mitz-weimache-luber-hundsfut-gumberaber-shönendanker-kalbsfleisch-mittler-aucher von Hautkopft of Ulm.

Vergleichsweise harmlos nimmt sich dagegen der volle Name unserer alten Freundin Pipilotta Viktualia Rollgardina Pfefferminza Efraimstochter Langstrumpf aus. Von der Villa Kunterbunt ist Pipi Langstrumpf gottlob nur nach Taka-Tuka-Land aufgebrochen und nicht nach Llanfairpwllgwyngyllgogerychwyrndrobwllllantysiliogogogoch im Süden der Insel Anglesey im Nordwesten von Wales, einer Weltgegend, in der laut Google auch ein Bahnhof namens Gorsafawddacha'idraigodanheddogleddollônpenrhynareurdraethceredigion existieren soll. Den Unaussprechlichkeitsrekord behauptet jedoch unangefochten der berühmte neuseeländische Hügel Taumatawhakatangihangakoauauotamateaturipukakapikimaungahoronukupokaiwhenu akitanatahu.

In der Sprache der Māori wird damit angeblich der Ort bezeichnet, an dem Tamatea, der Mann mit den großen Knien, der Berge hinabrutschte, emporkletterte und hinunterschluckte, bekannt als der Landfresser, seine Flöte für seine Geliebte spielte.

Über solche und andere mehr oder minder unsagbaren Dinge könnte man sich noch tagelang unterhalten, doch man darf sich nun auch wohlgemut in die Untiefen unseres Zungenbrecher-Baedekers begeben und sich entführen lassen, zu einer abenteuerlichen Reise von Rheda-Wiedenbrück, Traben-Trar-

bach und Tauberbischofsheim über Rudnogorsk und Semipala-
tinsk bis nach Tschungking und Bangkok oder, um den offiziel-
len Namen dieser thailändischen Metropole zu zitieren, Krung
Thep Mahanakhon Amon Rattanakosin Mahinthara Ayuthaya
Mahadilok Phop Noppharat Ratchathani Burirom Udomrat-
chaniwet Mahasathan Amon Piman Awatan Sathit Sakkathat-
tiya Witsanukam Prasit.

Und falls sich Übersetzungsfehler eingeschlichen haben sollten, sind Autor und Verlag für Korrekturen dankbar.

Hereinspaziert.

Wo widdn dei ha hi ho he?

Ein Ausflug in den deutschen Wortschatz

Man könnte trübsinnig werden, wenn man in den gängigen Sammelbänden und auch in den entsprechenden Internetforen immer wieder den gleichen abgedroschenen Oldies unter den Zungenbrechern begegnet – fliegenden Fliegen, robbenden Robben, kriechenden Griechen, wohlgeschlissenen Schleißenscheiten, badenden Baden-Badener Damen oder dem Braunbier brauenden Bierbrauer Bauer; ganz zu schweigen von den noch viel bekannteren und noch weniger originellen Evergreens aus der Umgebung der Wiener Waschweiber und des unvermeidlichen Fischersfritzen. Unter diesen Umständen wirkt bereits die anspruchslose Mitteilung, daß Esel keine Nesseln äßen, ebenso erfreulich wie der relativ selten zu beobachtende Flugplatzspatz, der auf dem Flugplatz beziehungsweise auf dem Flugblatt Platz nimmt. Gelegentlich rafft sich der Volksmund auch dazu auf, die eine oder andere annehmbare Variante eines zungenbrecherischen Klassikers hervorzubringen:

Grießbrei bleibt Grießbrei, und Kriegsbeil bleibt Kriegsbeil.
Plättbrett bleibt Plättbrett, und Brotlaib bleibt Brotlaib.

Apropos Brot: Es gibt einen reinen, wenn auch nicht stubenreinen Schüttelreim, den sich speziell die Störer der Kundgebungen von Rechtsextremisten einprägen sollten, denn er läßt sich gut skandieren, und er ist stark genug, um jeden glatzköpfigen Volksredner an den Rand der Verzweiflung zu treiben:

> Du mußt dein Brot schön kaun,
> dann wird dein Kot schön braun.

Doch zurück zu den Klassikervarianten. Man kann das Spiel mit ihnen noch etwas weitertreiben:

> Spucknapf bleibt Spucknapf, und Schluckspecht bleibt Schluckspecht.
> Schaschlick bleibt Schaschlick, und Schicksal bleibt Schicksal.
> Chakra bleibt Chakra, und Rikscha bleibt Rikscha.
> Kronprinz bleibt Kronprinz, und Prittstift bleibt Prittstift.
> Bratklops bleibt Bratklops, und Kroppzeug bleibt Kroppzeug.
> Plockwurst bleibt Plockwurst, und Preissturz bleibt Preissturz.
> Sintflut bleibt Sintflut, und Zinsfuß bleibt Zinsfuß.
> Tripolis bleibt Tripolis, und Klitoris bleibt Klitoris.
> Bizeps bleibt Bizeps, und Blitzschach bleibt Blitzschach.

Und Mainz bleibt Mainz. Es wäre möglich, beliebig lange so fortzufahren, doch binnen kurzem verliert auch dieser unschuldige Zeitvertreib seinen Reiz, und man sehnt sich nach anderen Tönen und überraschenderen Wendungen, die das Spiel mit der Sprache hergibt. Komische Wirkungen können dabei auch Sätze entfalten, die einem leicht über die Zunge gehen:

> Er ißt Apfel, sie 'ne Apfelsine.
> Hab' ich nun 'n Habicht oder hab' ich 'n Huhn?
> Selten eß ich Essig; eß ich Essig, eß ich Essig mit Salat.

Wieder etwas anders sieht es mit den netten Zungenbrechern aus, die das Volk in unzähligen Variationen erzeugt hat, ohne einen Gedanken an die Frage zu verschwenden, ob in der Nettigkeit nicht auch etwas zuviel von der Ödnis eines mißlunge-

nen Kegelabends mitschwingen könnte, an dessen Ende die
leicht angetrunkenen Teilnehmer die Stimmung mit heiteren
Wortspielen anzuheizen versuchten. Zum Beispiel mit diesen
hier:

> Schnecken erschrecken, wenn Schnecken an Schnecken
> schlecken, weil zum Schrecken vieler Schnecken
> Schnecken nicht schmecken.
> Mischwasserfischer heißen Mischwasserfischer, weil
> Mischwasserfischer im Mischwasser Mischwasserfische
> fischen.
> Die Boxer aus der Meisterklasse boxten sich zu
> Kleistermasse, und aus dem ganzen Massenkleister erhob
> sich stolz der Klassenmeister.

Darüber kann man, wenn man nicht ganz und gar anspruchs-
los ist, ungefähr ein halbes Mal schmunzeln, bevor man sich
dazu entschließt, Zungenbrecher dieser gekünstelten Bauart
aus seinem Gedächtnis zu verbannen. Sie bewegen sich auf
dem gleichen humoristischen Niveau wie die Aufforderung:
»Lies nicht die Witze an der Wand, den größten hältst du in der
Hand.« Es handelt sich um minderwertige Ware für unbedarfte
Erstleser.
Wer sich auf die langwierige Suche nach feinerer beziehungsweise schärferer Kost begibt, der wird sich vielleicht schon
freuen, wenn er zwischen den allgegenwärtigen Zwetschgenzweigen und Whiskymixern etwas weniger Abgelutschtem begegnet:

> Schwarze Schmeißfliege frißt frisches Fischfleisch.
> Ingrid impft Igel im Innenhof.
> Die borkige Rinde der breitblättrigen Linde bröckelt
> leicht ab.
> Der Metzger wetzt das Metzgermesser mit des Metzgers
> Wetzstein.

Auf einem russischen Passagierschiff jammte ein
tschechischer Swing-Jazz-Session-Cellist.
Ein chinesischer Chirurg schenkt tschechischen
Skifreunden frisch gebackene Shrimps.

Ganz niedlich ist auch der folgende Schüttelreim:

Auf der Liebesreise
sprach der Leibesriese:
»Bitte, reib' es, Liese«,
und sie rieb es leise.

Aber es wäre doch sonderbar, wenn die deutsche Sprache keine
Zungenbrecher zu bieten hätte, die es an Pracht mit den hoch-
mittelalterlichen Merseburger Zaubersprüchen aufnehmen
könnten. Einst, so heißt es sinngemäß in dem ersten Spruch,
setzten Frauen sich nieder, hier und dort; einige banden Fesseln, einige hielten das Heer auf, und einige lösten die Fesseln:
»Entspringe, Gefangener, den Fesseln und entweiche den Fein-
den!« Die Aussicht, den althochdeutschen Originaltext vortra-
gen zu müssen, würde wohl selbst so manchem gestandenen
Nachrichtensprecher den Schweiß auf die Stirn treiben:

Eiris sazun idisi sazun hera duoder suma
hapt heptidun suma heri lezidun suma clu
bodun umbi cuonio uindi insprinc hapt
bandun inuar uigandun.

Waghalsige Wendungen weist auch die spätmittelhochdeut-
sche Dichtkunst auf, deren bedeutender Vertreter Oswald von
Wolkenstein in einem nahezu sinnfreien Silbengeturtel das
Entzücken über den roten Mund einer Geliebten wiedergegeben hat:

Luntzlot muntzlot kluntzlot und zysplot wysplot
freuntlich sprachen
auss waidelichen guten rainen sachen
sol dein pösschelochter rotter mund
der ser mein hertz lieplich hat erzunt ...

In seinem Gedicht »Das große Lalula« hat sich der Dichter Christian Morgenstern dann die Freiheit herausgenommen, einmal vollkommen sinnlos irgendwas zu stammeln und zu lallen:

Kroklowafzi? Semememi!
Seiokronto pafriplo:
Bifzi, bafzi! Hulalemi:
quasti basti bo ...
Lalu lalu lalu lalu la!

Der Lyriker August Stramm, ein Zeitgenosse Morgensterns, hat seine Muttersprache auf eine ganz andere Weise verhackstückt; nicht spielerisch und fröhlich, sondern wütend, in expressionistischer Manier, um das unvorstellbare Grauen in den Schützengräben des Ersten Weltkriegs sprachlich abzubilden. »Knattern schrillen / Knattern hieben / Knattern stolpern / Knattern/ Übertaumeln / Gelle / Wut / Der Blick / Spitz / Zisch«, dichtete Stramm, und er suchte bis zu seinem Tod nach noch genauer treffenden Formulierungen für das Kriegserlebnis. »Glotzenschrecke Augen brocken wühles Feld« – so lautet eine von Stramms Schlachtbeschreibungen, denen wir als Nachgeborene mehr über das mörderische Kriegsgeschehen entnehmen können als allen Akten aus den Beständen der Reichswehr.
Das Erlebnis des Kampfs im Schützengraben hat der Dichter Ernst Jandl in die primitivste und damit auch am besten angemessene aller möglichen Formen zu bringen versucht, indem er sich auf die Geräusche konzentrierte, die den Frontsoldaten zu Ohren gekommen waren:

schtzngrmm
Schtzngrmm
t-t-t-t
t-t-t-t
grrrmmmmm
t-t-t-t
s------c------h
tzngrmm
tzngrmm ...

Jandl war es damit ernst. Als ausgebuffter Sprachspieler hätte er jedoch gewiß auch nichts gegen das Experiment einzuwenden gehabt, den Literaturpreisen, mit denen er ausgezeichnet worden ist, spaßeshalber die Vokale zu entziehen. Das Ergebnis kann sich sehen lassen. Schwerer ist es schon, es vorzulesen:

Hrsplprs dr Krgsblndn
Grg-Trkl-Prs
strrchschr Wrdgngsprs
Mnskrpt-Prs ds Lnds Strmrk
ntn-Wldgns-Prs dr strrchschn Indstr
Grßr strrchschr Sttsprs
Grg-Bchnr-Prs
Prs dr Dtschn Schllplttnkrtk
hrnmdll dr Bndshptstdt Wn n Gld
Ksslr Ltrtrprs fr grtskn Hmr
Dtschr Klnknstprs
Frnkfrtr Hrsplprs
Ptr-Hchl-Prs
strrchschs hrznzchn fr Wssnschft nd Knst
Frdrch-Hldrln-Prs
hrnzchn ds Lnds Strmrk
Grßs Gldns hrnzchn fr Vrdnst m d Rpblik strrch

Die Gegenprobe ist auch nicht ganz uninteressant. Ohne Konsonanten lesen sich Ernst Jandls Literaturpreise folgendermaßen:

öiee e ieie

eo-a-ei

Öeeiie üiuei

auiei e ae eiea

Ao-ia-ei e öeeiie Iuie

oe Öeeiie aaei

eo-üe-ei

ei e eue aaeii

Eeeaie e ueaua ie i o

aee ieauei ü oee uo

eue eiuei

aue öieei

ee-ue-ei

Öeeiie Eeeie ü iea u u

iei-öei-ei

Eeeie e ae eiea

oe oee Eeeie ü eiee u ie eui Öeei

Das dürfte zwar so ungefähr den Tönen entsprechen, die ein ungeschulter Jünger der Kunst des Barfußlaufens auf glühenden Kohlen hervorbringt, aber es ist unverkennbar reine Poesie. An diese Reinheit reichen auch manche Lautgebilde aus den Niederungen des deutschen Sprachraums heran: aus den Mundarten, in denen jahrhundertelang aneinander gewöhnte Dorfnachbarsfamilien kommunizieren können, während ihre Aussagen ortsfremden Landsleuten, die im Prinzip doch mit der gleichen deutschen Muttersprache aufgewachsen sind, vollkommen unverständlich bleiben müssen:

Harr'k 'n Hark hatt, harr'k harken künnt.

So lautet auf plattdeutsch der Satz: »Hätte ich eine Harke gehabt, hätte ich harken können.« Noch etwas hakliger wird es, wenn ein norddeutscher Kleingärtner behauptet, daß er geharkt hätte, wenn er eine Harke gehabt hätte, und daß er gehackt hätte, wenn er eine Hacke gehabt hätte:

Harr'ck 'ne Hark hat, harr'ck harkt hat.
Harr'ck 'ne Hack hat, harr'ck hackt hat.

Und dann gibt es natürlich auch Laute, die ähnlich klingen, aber an der Nordseeküste etwas völlig anderes bedeuten als zum Beispiel in der Pfalz. Ein Friese, der durch die Vordertür hindurchkommt (»dör de Vordördöör dör«), könnte in seinen eigenen vier Wänden so gut wie nichts mit der pfälzisch artikulierten Warnung anfangen, daß ihm sein unzureichend bewässerter Kaktus verdorren werde:

Wenn de deun Kakdus nit gieschd, donn verderrd der der.

Auf taube Ohren würde in Friesland überdies der Einwand eines Niederbayern stoßen, daß der arme Kaktus seinem Eigentümer auch an einem anderen Platz vertrocknen werde:

Do dadada aa dadiirn!

Wiederum aus der Pfalz stammt die berühmt gewordene Auskunft der Verkaufskraft eines Geschäfts, das zwar Hämmer führt, aber keine Hemden:

Hemmer hem mer, awwer Hemmer hem mer kee.

Vielen Ausländern fällt ja bereits das Erlernen des Hochdeutschen schwer genug. Selbst wenn sie es auf sich genommen haben, in Abendkursen eine exzellente Deutschkenntnis zu erwerben und sie jahrelang zu perfektionieren, werden sie vor einem teekesselartigen Rätsel stehen, sobald sie in der Pfalz den feinen Unterschied zwischen »Hemmer« und »Hemmer« heraushören sollen. Und noch nach zwanzig Semestern Germanistik an der Sorbonne oder in Oxford wäre es ihnen so gut wie unmöglich, den Sinn der folgenden Aussage zu entschlüsseln:

Lu mo loa, do leira doch.

So klingt es, vertrauenswürdigen Ohrenzeugen zufolge, wenn jemand im Saarland sagen will: »Sieh einmal dorthin, da liegt er doch.«
Mit unüberwindbaren Verständnishürden haben die Deutschen ihren Dialekt auch andernorts durchsetzt. Die schlichte, von einem Enkelkind an seine Großmutter gerichtete Bitte, noch einmal die Schallplatte mit dem Schlager »La Paloma« auflegen zu dürfen, nimmt sich in der rheinländischen Mundart aus wie das Gebrabbel eines Zechbruders, der sein Gebiß verloren hat:

Oma, lo ma noma »La Paloma« lope lote.

Und wenn im Sauerland, wo so etwas vorzukommen scheint, ein Bauer mit der Uhr über die Mauer gekrochen ist, verzeichnet der lokale Volksmund diesen Vorgang in einer Weise, die Zugereiste radikal ausgrenzt:

De Biuer kräug mit der Iuer öwwer de Muier.

Was das bedeuten könnte, wäre nicht zu begreifen, wenn man es nicht erklärt bekäme, sei es als Deutscher oder als ausländischer Germanist.
Angeführt sollte in diesem Zusammenhang auch der scheußliche hessische Zungenbrecher werden, in dem es um ein Würmchen geht, das mit einem Schirmchen unterm Ärmchen auf einem Türmchen sitzt, als ein Stürmchen aufkommt, das

das Würmchen mit dem Schirmchen unterm Ärmchen vom Türmchen wirft:

> **Sitzt e Wermsche uff 'm Termsche mit 'em Schermsche unnerm Ermsche. Kimmt e Stermsche, werft des Wermsche mit 'm Schermsche unnerm Ermsche vom Termsche.**

Wer außerhalb von Hessen aufgewachsen ist, der könnte aus manchen Äußerungen der Einheimischen einen ostasiatischen Dialekt heraushören:

> **Kenn, gied eren, hei henn san noch mi Kenn hen.**
> **Wo widdn dei ha hi ho he?**

Beides ist Deutsch, wie man es in Hessen spricht. Ersteres bedeutet: »Kinder, kommt herein, hier drinnen sind noch mehr Kinder zugegen.« Und letzteres: »Wo willst du dein Heu hier hinhaben?«

Verwirrend wirkt sich zudem der Umstand aus, daß so mancher Gegenstand viele verschiedene Namen tragen kann, die bei weitem nicht alle im Duden stehen. Allein der Schnuller, beispielsweise, heißt mal so und mal so und dann wieder vollkommen anders, je nach Region: Nuckel, Proppen, Stöppel, Zulp, Zütz, Bätz, Föpp, Nuttel, Noller, Zapfen, Luppe, Schlotzer, Päpper, Nucki, Batzer, Dietzel oder Dutzel. Oder das Brotende – zwischen Rügen und Lörrach hört es auf so unterschiedliche Namen wie Kanten, Knust, Korste, Kappe, Kuppe, Knietzchen, Fieze, Ränftel, Rindel, Krüstchen, Kürstchen, Knäustchen, Knörzchen, Knörzel, Krüstel, Ärschel, Gickel, Riebele, Scherzel und Kipf, und das ist bei weitem noch kein vollständiges Register. Bisweilen weichen die Bezeichnungen für eine und dieselbe Sache sogar schon von Dorf zu Dorf geringfügig bis eklatant voneinander ab. Für dieses Phänomen sind besonders der Vogelsbergkreis und das sogenannte Schlitzer-

land berüchtigt, seit der Dichter F. W. Bernstein sich den Spaß erlaubt hat, in seinem Kurzdrama »Das Landexamen« einen Prüfling vorzuführen, der vor seinem Umzug in den Vogelsberg einen amtlich vorgeschriebenen Vokabeltest bestehen muß. Der Mann versagt jedoch bereits bei der Aufgabe, sich an die verschiedenen Namen für das Mutterschwein zu erinnern: In Angersbach heißt es »Dack«, in Maar, Stockhausen und Meiches »Dock«, in Herbstein, Ilbeshausen, Volkartshain und Freiensteinau »Freckelsau« und in Ullrichstein »Mock«. Katastrophale Folgen hat am Ende der Versuch des Kandidaten, den Begriff »morgen nachmittag« in die jeweilige Ortssprache zu übersetzen: In Stockhausen wäre »mornze-unnen« korrekt, in Angersbach »monnochmiddoag«, in Ilbeshausen und Freiensteinau »mornzonnen«, in Metzlos-Gehaag »mornzemiddag«, in Maar »monze-nochmiddäg« und in Herbstein »mornoachmiddoag«. Danach gelingt es ihm nicht mehr, den Satz »Vorgestern nachmittag ist unsere Großmutter mit den Zigeunern fort« ins Ullrichsteinische zu übersetzen, denn seine Zunge sträubt sich, und er bringt bloß noch Gestammel hervor: »Innechnächzeon ...«, »Innechnächzeon-nächin nechzeon-zenächte ...«, »Innennechzeon-nächze ...« Woraufhin der Prüfer zum Telefon greift und das Einwohnermeldeamt alarmiert: »Ein schwerer Fall. Bitte holen Sie ihn ab. Er muß sofort wieder in die Großstadt eingeliefert werden.«
Leichter wäre diesem Kandidaten das Examen auch im Schwabenland nicht gefallen, wo der Hinweis, daß man es nun ebenfalls schon halbwegs aufgegeben habe, folgendermaßen zur Sprache gebracht wird:

I hao's ao schao gao lao.

Schwaben, die irgendwelche Gestalten bei ihrem undurchsichtigen Treiben in einer Tannenschonung beobachten, legen sich die Frage vor:

Wa dennd denn dia do danne en dene Dennele danna?

Vergleichsweise simpel nehmen sich dagegen die populärsten schwäbischen Zungenbrecher aus, die besagen, daß ein Gartentürchen unangenehm grün angestrichen sei, daß man ein klebriges Bonbonpapier vor sich habe und daß in der Nähe von Blaubeuren ein Klötzchen Blei liege:

A oagnehm grea ogschdriches Gardederle.
Ä verbäbt's Gutzlesbabiergickele.
Glei bei Blaubeira leit a Gletzle Blei.

Vertrackter verhält es sich mit der Geschichte, in der sich jemand dazu bekennt, daß er einmal jemanden gekannt habe, der eine gekannt habe, die ein Kind gehabt habe, aber nicht von jenem Bekannten, denn der habe nichts mehr von ihr wissen wollen; sie habe noch einen anderen Mann gekannt, der noch kein Kind gehabt habe, und von dem habe sie das Kind gehabt, und wenn sie den nicht kennengelernt hätte, dann hätte auch sie kein Kind gehabt. Und nun das ganze auf schwäbisch:

I han amol oin kennt g'hett, der hot oine kennt g'hett, die
hot a Kend g'hett. Des hot se aber ned von sellem g'hett,
der hot se nemme kennt g'hett. Sui hot no an andra kennt
g'hett, der hot no koi Kend g'hett, von dem hot se des
Kend g'hett. Wenn se den ed kennt g'hett hätt, no hätt se
au koi Kend g'hett.

Belastungen, die die Elternschaft mit sich bringt, kommen auch in einer südbadischen Redewendung zu einem angemessen komplizierten Ausdruck:

Chlaini Chindre chlai Chrüz, großi groß Chrüz.

Kleine Kinder, kleines Kreuz beziehungsweise kleine Sorgen;
große Kinder, große Sorgen: Davon könnten auch bayrische El-
tern ein Lied singen, wenn sie nicht schon mehr als genug damit zu tun hätten, ihren Kindern einzuschärfen, daß sie einen
Eichhörnchenschwanz mit Vitriolöl für zwei Pfennig einölen
müßten:

**An Oachkatzlschwoaf muast mid umaran zwoaring
Vitrioiöi eiöin.**

So hatte es die Tradition jedenfalls bis zur Einführung des europäischen Währungssystems vorgeschrieben.
Unmittelbar vor dem Grenzübertritt in die deutschsprachigen
Nachbarländer sollte hier zu guter Letzt auch noch ein sächsi-
sches Bonmot Erwähnung finden:

**Dor Bäggor baggd Bredchn, dor Bassdor dud
bredchn.**

In einem Landstrich, wo der Bäcker die Brötchen backt und der
Pastor predigen tut, scheint die vorindustrielle Gesellschafts-
ordnung immer noch so gut intakt zu sein wie in den Gefilden
Österreichs, in denen es sich von selbst versteht, daß eine Mül-
lerstochter sowohl eine Mehlnudel-Lade als auch eine Nähnadel-Lade ihr eigen nennt:

A Müllamadl hot a Möhnudlladl und a Nahnodlladl a.

Im Umlauf befindet sich auch die Mitteilung einer aus Nieder-
österreich stammenden Person, daß ihre Großmutter sowohl
eine Nadel-Lade als auch eine Nähnadel-Lade besitze:

Mei Ural hot a No'llal und a Nahno'lla'l a.

Aus dem gleichen Sprachgebiet ist uns die Rechnung überliefert worden, daß zwanzig zerquetschte Pflaumen und zwanzig zerquetschte Pflaumen insgesamt vierzig ergäben:

Zwanz'g z'quetschte Zwetschk'n und zwanz'g z'quetschte Zwetschk'n san vieazk z'quetschte Zwetschk'n.

Nach allem, was man so hört und liest, ist demgegenüber in Oberösterreich vor allem der Ausdruck »Ödögidöggi« im Schwange (für »Öltiegeldeckel«), und in Tirol wird die Erkundigung, ob ein bestimmter Mensch denn jetzt gleichfalls herunterkomme, in die knappen Worte gefaßt:

Kimmscht e a oui?

Wer wollte, wenn er etwas derartig Schnuckeliges vernommen hat, nicht so schnell wie möglich von wo auch immer herunterkommen, um unten sein Soll zu erfüllen?

Behäbiger als in Deutschland und in Österreich vollzieht sich das Leben in der Schweiz, obwohl deren Bewohner ihrer Zunge mehr abverlangen als alle anderen Mitglieder der deutschen Sprachgemeinschaft, die zum Verschlucken von Konsonanten neigt. Die Schweizer unterziehen sich ohne weiteres der Mühe, aus Rachen und Gaumen die absonderlichsten Wortgebilde entstehen zu lassen: »Möuchmäuchterli« (Milchkessel aus Holz), »Chläberli« (Klebestreifen), »Chlüpperli« (Wäscheklammern), »Chlütterli« (Bastler), »Chnöpfli« (Spätzle), »Chnüüschlotteri« (weiche Knie), »Chrottepösche« (Löwenzahn), »Ofechüechli« (Windbeutel), »Schliifschüendle« (Eislaufen), »Sprützchanne« (Gießkanne), »Stinkrüebli« (Zigarre), »Tschütterlichaschte« (Tischfußball), »Tüttichräze« (Büstenhalter) und »Unterpöpsli« (Unterhose). In dieser zuckrigen Sprache wirkt nicht einmal die Nachricht bestürzend, daß sich die Katze in den Küchenschrank erbrochen habe:

In der Schweiz hat man noch ganz andere Sorgen. Dort empfiehlt man unruhigen Zeitgenossen, sich nach Gümlingen zu begeben und dort festzustellen, ob ein gewisser Gottfried Gugger Karamel kaufe:

Gang geng gredi gäge Gümlige ga güggele,
gob Guggers Gödeli geng ga Garamell gänggele geit.

Oder ob ein Gewitter über Zürich hinwegbrause:

Blitzt's z'mitz's z' Züri?

Oder ob in Rheinfelden eine rohe Rehleber unter der rechten Rheinbrücke liege:

Z' Rhyyfälde under der rächte Rhyybrugg liit e rauhi Rehläbere.

In Luzern ist sogar schon die These aufgestellt worden, daß drei runde Röhrchen und drei runde rohe Rehlebern vonnöten seien, um die Leute zum Reden zu bringen:

Drüi rundi roui Röhrli und drüi rundi roui Rehläberli lehre d' Lüüt rächt rede.

Verfeinert worden ist dieser abseitige Gedanke in einem Zungenbrecher, der darauf hinausläuft, daß die Menschen ihre Aussprache mit Hilfe dreier dünner, dürrer, langer, leerer und hohler Rohre auf der Rapperswiler Brücke am Zürichsee verbessern könnten:

Uf de Rapperswiler Brugg schtönd drü dünni, dürri, langi, lääri, hohli Röhrli, und dur die drü dünni, dürri, langi, lääri, hohli Röhrli lehred d' Lüüt rächt rede.

Wenn es so wäre, dann wäre trotzdem nichts gegen einen Krankentransport in die nächstgelegene Großstadt einzuwenden, in der man Hochdeutsch spricht.

Listen to the local yokel yodel

»Tongue-twisters«
für Anfänger und Fortgeschrittene

Wohlvertraut sind alle Freunde Loriots mit seiner Zusammenfassung der ersten sieben Folgen eines monströsen englischen Fernsehkrimis, in dem Lord und Lady Hesketh-Fortescue von North Cothelstone Hall und deren Sohn Meredith tragende Rollen spielen, neben den Cousinen Priscilla und Gwyneth Molesworth aus den benachbarten Ortschaften Nether Addlethorpe und Middle Fritham sowie einem Onkel von Lady Hesketh-Fortescue, dem neunundsiebzigjährigen Jasper Fetherston, dessen Besitz Thrumpton Castle an Lord Molesworth-Houghton vermietet ist:

> Gwyneth Molesworth hatte für Lord Hesketh-Fortescue in Nether Addlethorpe einen Schlips besorgt, ihn aber bei Lord Molesworth-Houghton liegengelassen. Lady Hesketh-Fortescue verdächtigt ihren Gatten, das letzte Wochenende mit Priscilla Molesworth in Middle Fritham verbracht zu haben. Gleichzeitig findet Meredith Hesketh-Fortescue auf einer Kutschfahrt mit Jasper Fetherston von Middle Fritham nach North Cothelstone Hall in Thrumpton Castle den Schlips aus Nether Addlethorpe ...

Für die deutsche Fernsehansagerin, die all das pannenfrei ablesen muß, ergeben sich Probleme, die gebürtigen Engländern geringfügig erscheinen dürften. Aber auch in England ist man nicht vor allen Schnitzern beim Prononcieren gefeit. In den bekanntesten und zugleich leichtesten englischen Zungenbrechern geht es um das Herunterwürgen eingelegter Paprika und ein holzverarbeitendes Waldmurmeltier:

> **Peter Piper picked a peck of pickled peppers.**
> **How much wood would a woodchuck chuck if a**
> **woodchuck could chuck wood?**

Mit solcher Dutzendware können sich jedoch nur Vorschulkinder zufriedengeben. Etwas mehr bietet die englische Sprache dem erwachsenen Gourmet mit sechs knusprigen Knabberwaren (»six crisp snacks«), einer billigen Schiffsreise (»a cheap ship trip«), einem egoistischen Krustentier (»a selfish shellfish«), einem schlagfertigen Kritiker der Sportart Cricket (»a quick witted cricket critic«) und einer Keksdose sowie einem Haufen gemischter Kekse (»a box of biscuits, a batch of mixed biscuits«).

Ihre ganze Heimtücke offenbaren manche scheinbar problemlos auszusprechenden Wortfolgen erst in der raschen Wiederholung.

> **Black background, brown background, black background,**
> **brown background ...**
> **Good blood, bad blood, good blood, bad blood ...**
> **Red blood, green blood, red blood, green blood ...**
> **Red lorry, yellow lorry, red lorry, yellow lorry ...**
> **Truly rural, truly rural, truly rural ...**
> **Tiny cherry-tree, tiny cherry-tree, tiny cherry-tree ...**
> **Sunshine city, sunshine city, sunshine city ...**
> **I shot the city sheriff, I shot the city sheriff ...**

Erstaunlicherweise können sich selbst in den simpelsten Aussagen mehr oder weniger feingesponnene Stolperdrähte verbergen. Das werden Sie merken, sobald Sie versuchen, einem Engländer mitzuteilen, daß Hank Hawks Hupe ihren Zweck erfülle ...

Hank Hawk's horn honks.

... oder daß der Hund des Vaters von Ken Dodd verstorben sei ...

Ken Dodd's dad's dog's dead.

... oder daß Ted und Fred einander mit Brot gefüttert hätten ...

Fred fed Ted bread, and Ted fed Fred bread.

... oder daß es nicht notwendig sei, in einer klaren Nacht wie dieser ein Nachtlicht zu entzünden:

No need to light a night light on a light night like tonight.

Das erkennbare Motiv für die Erfindung solcher Zungenbrecher ist die Absicht, uns aufs Glatteis zu führen, doch das gelingt den Erfindern nicht immer. Wenn zehn zahme Ziegen zehn Kilo Zucker zum Zoo ziehen, hat die Zunge keine Schwierigkeiten damit, und die Sache wird schon bei der dritten vorhersehbaren Konsonantenwiederholung langweilig. Ein bißchen mehr Schwung kommt hinein, wenn die Konsonanten im gemischten Doppel auftreten, so wie in der haltlosen Behauptung, daß das Blut ausgewachsener schwarzer Käfer schwarzblau sei und das Blut neugeborener schwarzer Käfer blau:

Big black bugs bleed blue black blood but baby black bugs bleed blue blood.

Inhaltlich sachverwandt damit ist der Bericht, daß ein großer schwarzer Käfer einen großen schwarzen Bären blutig gebissen habe:

**A big black bug bit a big black bear, made the big black
bear bleed blood.**

That's Rock'n'Roll. Darin ist jedenfalls bedeutend mehr Musik
als in den faden Pseudo-Zungenbrechern, die beispielsweise
davon handeln, daß hinter Hansens Hühnerhaus hundert
Hemden hingen.

Eine Sonderstellung nehmen die Sprachscherze ein, die sich
mühelos artikulieren lassen und ihren Unterhaltungswert aus
zunächst ganz unsinnig erscheinenden Wortwiederholungen
beziehen. So verhält es sich in dem Vers über das sowohl hinten
als auch vorne mit zwei Beinen ausgestattete Maultier und die
offene Frage, welchem Zweck die Hinterbeine dienten:

**On mules we find two legs behind and two we find before.
We stand behind before we find what those behind be for.**

Ähnlich ergiebig ist die Schilderung der Abenteuer einer Fliege
und eines Flohs, die beim Aufstieben in einem Schlot die besten
Fluchtmöglichkeiten erörtern und durch einen Spalt entkom-
men:

**A flea and a fly flew up in a flue.
Said the flea, »Let us fly!«
Said the fly, »Let us flee!«
So they flew through a flaw in the flue.**

Wer so etwas drollig findet, der wird auch an der Frage Freude
haben, ob er sich den imaginären Organisator einer Tierschau
vorstellen könne, der sich vorstelle, eine imaginäre Tierschau
zu organisieren:

**Can you imagine an imaginary menagerie manager
imagining managing an imaginary menagerie?**

Hart bis an die Grenze zur Nervensägerei geht die ebenso ne-
bensächliche Frage, ob ein Arzt, der einen anderen Arzt verarzte,
dies auf die gleiche Weise durchführe wie der verarztete
Arzt oder wie er selbst als verarztender Arzt:

> If one doctor doctors another doctor, does the doctor
> who doctors the doctor doctor the doctor the way the
> doctor he is doctoring doctors? Or does he doctor the
> doctor the way the doctor who doctors doctors?

Aussprechen läßt sich das verhältnismäßig leicht, doch man
kann es sich nicht mehrmals anhören, ohne die Geduld zu ver-
lieren. Das gilt auch für die folgende kurze Geschichte von
Mr. See, der eine Säge besitzt, und Mr. Soar, der ein Schaukel-
brett sein eigen nennt und zutiefst verstimmt zur Kenntnis
nimmt, daß es in seiner Abwesenheit von Mr. See zersägt worden ist:

> Mr See owned a saw.
> And Mr Soar owned a seesaw.
> Now See's saw sawed Soar's seesaw
> Before Soar saw See,
> Which made Soar sore.
> Had Soar seen See's saw
> Before See sawed Soar's seesaw,
> See's saw would not have sawed
> Soar's seesaw.
> So See's saw sawed Soar's seesaw.
> But it was sad to see Soar so sore
> Just because See's saw sawed
> Soar's seesaw!

Höhere Ansprüche an das Leistungsvermögen der Sprechwerk-
zeuge stellt die Aufforderung, dem Gejodel der einheimischen
Bauerntrampel zu lauschen:

Listen to the local yokel yodel.

Noch etwas höher ist der Schwierigkeitsgrad der Feststellung: »Du weißt, du brauchst das einzigartige New York.« Zumindest auf englisch:

You know you need unique New York.

Ohne eine winzige Besinnungspause zwischen »unique« und »New York« geht die Sache unweigerlich schief. Wie viele Besinnungspausen erforderlich sind, wenn man jemandem Englands berühmtesten Theologiestatistiker vorstellen möchte, ist schwerer zu sagen; hier hängt alles von der Zungenfertigkeit ab:

Meet Sir Cecil Thistlethwaite, the celebrated theological statistician.

Es würde zu ihm passen, wenn er mit der in Großbritannien wohlbekannten Frau verheiratet wäre, die an der Meeresküste Seemuscheln verkauft:

She sells seashells by the seashore.
The shells she sells are surely seashells.
So if she sells shells on the seashore,
I'm sure she sells seashore shells.

Eine gute Partie für Sir Cecil Thistlethwaite wäre auch die schüchterne Shelly, die sagt, daß sie Bettlaken nähen müsse:

Shy Shelly says she shall sew sheets.

Schlüpfrigere Spiele mit der Sprache werden in Zungenbrechern getrieben, die in aller Unschuld davon berichten, daß eine Frau dazu ermahnt worden sei sich hinzusetzen, daß die strahlende Susie in einem Schuhputzladen sitze und daß jemand ein Laken zerschnitten und sich darauf niedergelassen habe:

She said she should sit.
I saw Susie sitting in a shoe shine shop. Where she sits she shines, and where she shines she sits.
I slit the sheet, the sheet I slit, and on the slitted sheet I sit.

Es bedarf einer schier übermenschlichen Anstrengung, hierbei die Zunge im Zaum zu halten und sich nicht das Wort »shit« herausrutschen zu lassen.
Ebenfalls nicht ohne ist die Nachricht, daß eine Frau in ihrem Schlüpfer dasitze und an einem Bier der Marke Schlitz nippe:

She sits in her slip and sips Schlitz.

Es wäre allerdings auch keine große Erleichterung, wenn sie statt dessen einfach nur ein Stück Käse erblickt hätte:

She sees cheese.

Von hier aus führt ein kurzer und steiler Weg zu den kniffligsten aller englischen Zungenbrecher. Als Vorübung empfiehlt sich das wiederholte Aussprechen der haltlosen Behauptung, daß sowohl Scheren als auch Disteln knisterten beziehungsweise zischten:

Scissors sizzle, thistles sizzle, scissors sizzle, thistles sizzle ...

Den gleichen Zweck erfüllen sechs dicke Disteln, die steckengeblieben sind, und sechs kränkliche, glatte, dünne Platanentriebe:

Six thick thistles stick.
Six sick slick slim sycamore saplings.

Danach darf man sich an die englische Übersetzung der Frage wagen: »Ist dies die sechste Zither Ihrer Schwester, Sir?«

Is this your sister's sixth zither, Sir?

Ist dies vollbracht, wird es allmählich Zeit für einen Satz, den viele Sachverständige nicht nur als den schwersten englischen, sondern als den schwersten Zungenbrecher der gesamten bekannten Menschheitsgeschichte betrachten. Die Rede ist vom sechsten Schaf des sechsten kranken Scheichs, das erkrankt sei:

The sixth sick sheik's sixth sheep's sick.

Man muß schon außerordentlich begabt und durchtrainiert und kühn sein, um diesen sechsfachen Rittberger unter den Zungenbrechern in normaler Geschwindigkeit fehlerfrei bewältigen zu können. Aus dem Munde von Normalsterblichen wird sich der Satz niemals verständlicher als das Gestammel des betrunkenen Butlers James in dem Sketch »Dinner For One« anhören.

Auf andere und nicht unbedingt geringere Gefahren bewegen wir uns mit den Fragen zu, um wieviel Uhr das Uhrenarmbändergeschäft schließe, welche Armbanduhren Schweizer Armbanduhren seien und von welcher Hexe welche üble Verwünschung stamme:

What time does the wristwatch strap shop shut?
Which wristwatches are Swiss wristwatches?
Which witch wished which wicked wish?

Und das wirkt noch recht harmlos, wenn man berücksichtigt, daß es auch möglich wäre, Hexen und Uhren zu kombinieren

und die Frage zu stellen, welche Hexe welche Uhr anschaue,
wenn zwei Hexen zwei Uhren anschauten:

**If two witches would watch two watches, which witch
would watch which watch?**

Die Probleme wachsen ins Monströse, wenn eine weitere Hexe
und der Markenname Swatch hinzukommen:

**Three witches watch three Swatch watches. Which witch
watches which Swatch watch?**

Handelt es sich dabei um geschlechtsumgewandelte Hexen,
steigt der Schwierigkeitsgrad abermals kräftig an:

**Three switched witches watch three Swatch watches.
Which switched witch watches which Swatch watch?**

Am allerschlimmsten liegen die Dinge jedoch erst, wenn zu-
sätzlich die Informationen geliefert werden sollen, daß die drei
geschlechtsumgewandelten Hexen süße Schweizerinnen seien
und den Aufziehpinökel dreier gesäuberter Schweizer Hexen-
Uhren von Swatch in Augenschein nähmen:

**Three sweet switched Swiss witches watch three washed
Swiss witch Swatch watch switches. Which sweet
switched Swiss witch watches which washed Swiss witch
Swatch watch switch?**

Mehr wäre weniger. Noch ein einziges weiteres zischelndes Ad-
jektiv, und der gesamte turmhoch aufgebaute Zungenbrecher
würde wie ein Kartenhaus in sich zusammenfallen.
Im Schatten der Giganten fristen die kürzeren Varianten ihr
Dasein, so wie die Schweizer Hexe, die ihre Schüsseln mit Fi-
schen tauscht und sich wohlschmeckende Chili-Chips aus der
Schweiz wünscht.

One swiss witch which switches dishes with fishes whishes swiss delicious chili chips.

Damit wäre dieser Themenkreis dann auch erschöpft, und es bleibt eigentlich nur die Frage offen, welche Hexe den genähten, von der Schweizer Hexe erbetenen Zopf stibitzt habe:

Which witch snitched the stitched switch for which the Swiss witch wished?

Eher knackig als spitz klingt demgegenüber das Tätigkeitsprotokoll eines Menschen, der mit ein bißchen Backpulver, einigen Keksen und einer Keksdose ungeheure Dinge angestellt und sein enormes Arbeitspensum mit dem Öffnen einer Büchse Sardinen gekrönt haben will. Es soll sich hierbei um einen klassischen Eignungstest für angehende Radiosprecher handeln. Würden auch Sie ihn bestehen? Ohne Aussetzer? In weniger als zwanzig Sekunden? Zeit läuft:

I bought a bit of baking powder and baked a batch of biscuits. I brought a big basket of biscuits back to the bakery and baked a basket of big biscuits. Then I took the big basket of biscuits and the basket of big biscuits and mixed the big biscuits with the basket of biscuits that was next to the big basket and put a bunch of biscuits from the basket into a biscuit mixer and brought the basket of biscuits and the box of mixed biscuits and the biscuit mixer to the bakery and opened a tin of sardines.

Nehmen Sie es nicht zu schwer, wenn Ihnen dieses Experiment nicht auf Anhieb gelingen sollte. Übung macht den Meister. Um in Form zu kommen, trainieren professionelle Sprecher und Schauspieler ihr Mundwerk gern mit einem Rap, der hier nicht übersetzt werden muß, weil der Inhalt ganz und gar unwichtig ist. Hier geht es einzig und allein um eine reine, für die Wiedergabe durch Virtuosen geschaffene Sprachmusik:

Give me the gift of a grip top sock,
A clip drape shipshape tip top sock.
Not your spinslick slapstick slipshod stock,
But a plastic, elastic grip top sock.
None of your fantastic slack swap slop
From a slap dash flash cash haberdash shop.
Not a knick knack knitlock knockneed knickerbocker sock
With a mock-shot blob-mottled trick-ticker top clock.
Not a supersheet seersucker rucksack sock,
Not a spot-speckled frog-freckled cheap sheik's sock
Off a hodge-podge moss-blotched scotch-botched block.
Nothing slipshod drip drop flip flop or glip glop
Tip me to a tip top grip top sock.

Höher hinauf geht es von dort aus nicht mehr, doch es gibt andernorts noch viele Gipfel, die erklommen werden wollen. Blättern Sie bitte um und versetzen Sie sich nach Frankreich, in ein Zelt, wo Ihre Tante Sie erwartet.

Dans ta tente ta tante t'attend …

Son chat chante sa chanson

»Virelangue«
Wie die Franzosen sich aus der Affäre ziehen

Frankreich, verkündete Ludwig XVIII. in seiner etwas vorlauten Art, für die er berühmt war, marschiere »an der Spitze der Zivilisation«. In kulinarischer Hinsicht waren die Franzosen ihren Nachbarvölkern zweifellos tatsächlich immer eine Nasenlänge voraus. Es besteht nun einmal, beispielsweise, eben doch ein gewisser zivilisatorischer Unterschied zwischen einem Gang namens »Les Sylphides à la crème d'Ecrevisses« und einem Sauerkohl à la Magda Goebbels, und es ist nicht verwunderlich, daß sich die Verfeinerung des Geschmacks in Frankreich auch auf den Geschmack an nahezu unaussprechlichen Nachspeisenamen ausgewirkt hat:

Croix crème, croix crème, croix crème ...

Einem durchschnittlich gebildeten Franzosen gehen auch schwierigere Formulierungen leicht über die Lippen. Wenn er jemandem mitteilen möchte, daß fünf Hunde sechs Katzen gejagt hätten, so sagt er:

Cinq chiens chassent six chats.

Und wenn er hinzufügen will, daß ein Jäger, der sich auf sein Handwerk verstehe, auch ohne seinen Jagdhund zu jagen wisse, so spricht er die Worte aus:

Un chasseur sachant chasser sait chasser sans son chien de chasse.

Von einem Jäger wiederum, der seine Socken zum Trocknen an einen trockenen Ast hängt, sagt der gemeine Franzose:

Un chasseur qui chassait fit sécher ses chaussettes sur une souche sèche.

Aus höheren gesellschaftlichen Kreisen als jenen, in denen Jäger mit nassen Socken verkehren, stammt der Kurzdialog zwischen zwei Personen, die sich darüber verständigen, daß die Socken einer Erzherzogin nicht nur trocken, sondern erz- beziehungsweise knochentrocken seien:

– »Les chaussettes de l'archiduchesse sont-elles sèches?«
– »Archi-sèches!«

Vom rechtsrheinischen Gebiet aus ist den Franzosen über Jahrhunderte hinweg ihre Frivolität vorgeworfen worden, die eines Kulturvolks unwürdig sei. Die Deutschen betrachteten sich aufgrund ihres berüchtigten Tiefsinns und in Ermangelung reizvoller Nachtlokale vom Range der französischen als die kulturell höherstehende Nation, der die Zukunft gehöre, und die Erbitterung wuchs mit jedem militärischen Sieg des vermeintlich dekadenten Franzmanns. Zubilligen muß man ihm jedoch, daß auch er tief über den Sinn des Lebens nachgedacht und sich die nicht leicht zu beantwortende Frage vorgelegt hat, was er sei, wenn er sei, was er sei, eingedenk der Tatsache, daß er sei, was er sei:

Je suis ce que je suis et si je suis ce que je suis, qu'est-ce que je suis?

Wer es darauf anlegte, der könnte auch in dieser Selbstbefragung einen Spieltrieb erkennen, der weniger auf philosophische Erkenntnis abzielt als auf belustigendes Wortgeklingel. Es ist jedoch fraglich, ob der Mensch durch die Konzentration auf den Ernst des Lebens größere Erfolge im Daseinskampf erzielt als durch Verspieltheit. »Das schlimmste Vorurteil, das wir aus unserer Jugendzeit mitnehmen, ist die Idee vom Ernst des Lebens«, schrieb der Kulturhistoriker Egon Friedell. »Daran ist nur die Schule schuld. Die Kinder haben nämlich den ganz richtigen Instinkt: sie wissen, daß das Leben nicht ernst ist, und behandeln es als ein Spiel und einen lustigen Zeitvertreib. Aber dann kommt der Lehrer und sagt: ›Ihr müßt ernst sein. Das Leben ist es auch.‹ Lehrer sind Spielverderber. Anderseits heißt es aber immer: nimm Dir die Natur zum Vorbild Deiner Lebensführung! Nun, in der Natur wird nichts als Unsinn getrieben: Die Schmetterlinge tanzen, die Käfer musizieren, der Pfau schlägt sein Rad, der Hahn benimmt sich gräßlich albern, und unser nächster Verwandter, der Affe, hat nichts als Schabernack im Kopf. Selbst wo der Ernst der unerbittlichen Notwendigkeit, in Gestalt der Nahrungssorgen, an die Tiere herantritt, scheinen sie noch zu spielen. Die Katze spielt mit der Maus, bevor sie sie frißt: ihr Spieltrieb ist stärker als ihr Hunger. Der Fortpflanzungstrieb, nächst dem Hunger die ernsteste Macht in unserem Leben, kleidet sich bei Mensch und Tier in die Form eines Spiels, der sogenannten Liebe. Und ich habe auch die niedrigeren Lebewesen, die Pflanzen z. B., sehr im Verdacht, daß es ihnen gar nicht darauf ankommt, etwas zu ›leisten‹: ich glaube, daß einem Apfelbaum seine Äpfel ziemlich unwichtig sind, und daß er seinen Hauptspaß im Blühen und Duften und derlei zwecklosem Unsinn findet.«

Nach diesem kurzen Ausflug in die Philosophie können wir hoffentlich gestärkt zu dem blühenden Unsinn zurückkehren, mit dem sich die Franzosen ihren Feierabend versüßen:

Ces six saucissons-ci sont si secs qu'on ne sait si s'en sont.

In diesem Zungenbrecher geht es um sechs extrem trockene Würstchen. Wer genauer wissen möchte, was es mit ihnen auf sich hat, der sollte sich eine französische Geliebte oder einen französischen Liebhaber zulegen und sie bzw. ihn gelegentlich danach fragen. Das wäre auch der deutsch-französischen Freundschaft dienlich und nicht zuletzt dem Weltfrieden.

Für alle, die an solchen Zungenbrechern scheitern, hält der Franzose einen weiteren parat:

Tu t'entêtes à tout tenter, tu t'uses et tu te tues à tant t'entêter.

Was soviel heißt wie: »Du versuchst es mit allen Mitteln, du plagst dich ab und bringst dich mit deiner Hartnäckigkeit förmlich um.« So mochte sich auch ein beförderter Reitersoldat vorkommen, der von einem höherrangigen Reitersoldaten degradiert worden war:

Un dragon gradé dégrade un gradé dragon.

Doch solche Komplikationen gehören der Geschichte an. Im Nuklearzeitalter haben die Franzosen ganz andere Probleme; vor allem mit glanzlosen grünen Würmern, die ihren Durst mit Flüssigkeiten aus grünen Gläsern stillen:

Ce ver vert sévère sait verser ses verres verts.

Und mit drei Tauben, die durch enge Seitengassen schlendern:

Trois tortues trottaient sur un trottoir très étroit.

Oder bisweilen auch nur mit dem Solo einer Katze, die das Chanson ihres Herrchens singt:

Son chat chante sa chanson.

And now for something completely different: »Seine Sohle hat sein Bett beschmutzt, doch die See hat das von seiner Sohle beschmutzte Bett reingewaschen, und die Sohle brutzelt im Kochtopf.« Das hört sich auf französisch folgendermaßen an:

> **La sole a salé son lit mais la mer a lavé le lit que la sole a salé et la sole rissole dans la casserole.**

Schmutzige Schuhsohlen schmoren die Franzosen natürlich nur spaßeshalber, und man darf ihnen auch glauben, daß sie scherzen, wenn sie davon sprechen, wie lustig es doch sei, eine Garnele auf dem Schlips eines toten Mannes in einer Schlucht zerplatzen zu sehen:

> **Que c'est crevant de voir crever une crevette sur la cravate d'un homme crevé dans une crevasse.**

Oder wenn sie sich an Natascha erinnern, die es versäumt habe, ihre Katze Pascha anzuleinen, was wiederum Sascha erzürnt habe, der Natascha hinterhergelaufen sei:

> **Natacha n'attacha pas son chat Pacha qui s'échappa. Cela fâcha Sacha qui chassa Natacha.**

Und das ist dann doch wieder fast so schön wie der völkerverbindende Vierzeiler des Wahlfranzosen Robert Gernhardt:

> **Die Basis sprach zum Überbau:**
> **»Du bist ja heut' schon wieder blau!«**
> **Da sprach der Überbau zur Basis:**
> **»Was is'?«**

Ti ritiri tu?

»Scioglilingue«
Italienische Zungenbrecher

Setzt du dich zur Ruhe?« Dieser Frage, die wohl schon so manchem in Ehren oder Unehren ergrauten italienischen Patriarchen von seinen designierten Nachfolgern gestellt worden ist, wohnt nicht von ungefähr etwas Tirilierend-Frohlockendes inne:

Ti ritiri tu?

Eine passende Antwort darauf wäre: »Du irritierst mich.«

Tu m'iriti.

Ein Nebenbuhler, der sich bei dem Patriarchen einschmeicheln wollte, könnte einwerfen: »Du irritierst ihn, und du irritierst dich selbst.«

Ti l'iriti le e tu t'iriti ti.

Und schon wäre eine Vendetta im Gange, obwohl es doch viel schöner wäre, miteinander zu scherzen und aus Höflichkeit so zu tun, als ob die Scherzworte keinen Bart hätten.
Den längsten Bart von allen hat in Italien die Auskunft, daß dreiunddreißig Trentiner Trient betreten hätten, alle dreiunddreißig in leichtem Trab:

> **Trentatre trentini entrarono in Trento tutti e trentratre trotterellando.**

Weitverbreitet ist auch die Fabel von dem seltenen schwarzen Frosch, der eines Abends am Strand umhergezogen sei:

> **Una rana rara e nera sull' arena errò una sera**

Ungefähr den gleichen Schwierigkeitsgrad weist die Wettervorhersage auf, es werde heiter, es werde heiter sein, und wenn es nicht heiter sein werde, dann werde es sich wieder aufheitern:

> **Sereno è, sereno sarà, se non sarà sereno si rassenerà.**

Für die Aufforderung, einen Blick auf die Kuh zu werfen, die sich in das Haus dort begebe, bedarf es einer größeren Zungenfertigkeit:

> **Guarda c'la vacca là c'la va in c'la ca' là.**

Von dem Wohllaut, dem das Italienische seine Musikalität und mithin seine Eignung zur Opernsprache verdankt, ist hier nicht mehr viel zu finden. Doch es gibt auch melodisch klingende Zungenbrecher:

> **No, non ho un nonno.**

»Nein, ich habe keinen Großvater.« Oder (im sardischen Dialekt):

> **Avera ma vaju ma viu s'avera ma vaju ma jocu u pallone.**

»Ich sollte herausfinden, ob ich zum Fußballspielen gehen muß.« Oder auch:

O schiavo con lo schiaccianoci che cosa schiacci?
Schiaccio sei noci del vecchio noce con lo
schiaccianoci.

»O Sklave mit dem Nußknacker, was knackst du? – Ich knacke
sechs Nüsse von dem alten Walnußbaum mit dem Nußknak-
ker.«
Eine andere gute Frage wäre die, wer das Mädchen sei, das mit
dem roten Käppchen von dem Berg herabgekommen ist:

Chi l'è calà cu l'ha calà chila calà cu la calotta russa?

Den höchsten Ansprüchen genügen Zungenbrecher, wenn der
sinnverwirrend bunte Reigen aus Konsonanten und Vokalen
den grammatikalischen Gesetzen gehorcht, inhaltlich einen –
wenn auch noch so bescheidenen – Sinn ergibt und paradoxer-
weise zugleich an das Plappern von Säuglingen erinnert, so wie
in der Feststellung, daß die geliebte, halbverrückte Mita einen
halben Stift und einen Stift in ihre Tasche stecke:

L'amata Mita a metà ammattita mise metà matita e la
matita in tasca.

Und dann brach Pelé als Fallschirmspringer nach Peru auf,
doch er verschied als Püree:

Pure Pelé partì parà per il Perù, però perì per il purè.

Wer aber ist es, der die Türen in die Unterstände bringt, die Unterstände verläßt und die offenen Türen in die Unterstände
bringt?

Chi porta in porto le porte, parta dai porti e porti in
porto le porte aperte?

Darauf wird niemand ernstlich eine Antwort erwarten. Von großer Selbstgenügsamkeit ist auch der Hinweis auf eine andere offene Tür, die für jene gedacht sei, die etwas mitbrächten, und wer nichts mitbringe, der dürfe getrost wegfahren; es sei nicht sonderlich wichtig:

> Porta aperta per chi porta, e chi non porta parta pure, poco importa.

Ist den Italienern überhaupt etwas wichtig? Oder nehmen sie alles so gelassen hin wie der zerlumpte Irre das Stück Pizza, das in seinem Brunnen vor sich hin stinkt?

> Un pezzo di pizza che puzza nel pozzo del pazzo di pezza.

Wenn es sich so verhält, dann scheint dort mancherorts noch immer alles so zu sein, wie Goethe es in seinen Venezianischen Epigrammen dargelegt hat: »Deutsche Redlichkeit suchst du in allen Winkeln vergebens, / Leben und Weben ist hier, aber nicht Ordnung und Zucht ...«
Dafür triumphiert der Spieltrieb. Wie wir gleich hören werden, verfertigte Apelle, der Sohn des Apollo, einen Ball aus Hühnerhaut, und alle Fische kamen an die Oberfläche, um den Ball aus Hühnerhaut zu sehen, den Apelle verfertigt hatte, der Sohn des Apollo:

> Apelle figlio di Apollo fece una palla di pelle di pollo, tutti i pesci vennero a galla per vedere la palla di pelle di pollo fatta da Apelle figlio di Apollo.

Aus dem Geist von Zucht und Ordnung rührt hingegen der Ratschlag: »Wenn das Kaninchen deinen Knoblauch entwendet, dann hole das Kaninchen zurück und beschneide ihm die Klauen.«

Se il coniglio gli agli ti piglia, togligli gli agli a tagliagli gli artigli.

Dem rustikalen Umgang mit der Tierwelt entspricht der unsentimentale Blick auf den natürlichen Prozeß des Werdens und Vergehens. Auf der Bank lebt die Ziege, unter der Bank krepiert die Ziege:

Sopra la panca la capra campa, sotto la panca la capra crepa.

Eine viel schönere, wenn nicht sogar die allerschönste Sprachschöpfung der Italiener soll der in La Spezia beheimateten Mundart entstammen und in aller Bescheidenheit besagen: »Gestern war es Öl; jetzt ist es Öl und Luft.« Danach kann nichts mehr kommen.
Band ab:

Aiéi i éa èio aóa i è èio e àia.

Rosa Rizo resa ruso

»Trabalenguas«
Späße aus Spanien

Was den Deutschen Fischers Fritze ist, das ist den Spaniern Pepe Pecas, der mit einer Hacke die Kartoffeln hackt:

Pepe Pecas pica papas con un pico.

Wenn man auch kein Wort versteht, so glaubt man doch heraushören zu können, daß es hier um etwas Bodenständiges geht, so wie in dem Satz:

Pin pon pan para Papin.

Zu deutsch: »Pin serviert Papin das Brot.« Und wo das Brot ist, da sollte der Wein nicht fehlen:

El vino vino, pero el vino no vino vino. El vino vino vinagre.

»Der Wein kam, doch es kam kein Wein, sondern Weinessig.« Aus der Tatsache, daß viele Zungenbrecher vom Essen und vom Trinken handeln, könnte man den Rückschluß ziehen, daß sie bei Tisch entstanden sind, beim Kochen oder auf dem Lebensmittelmarkt:

El que poca papa gasta poca papa paga.

»Wer wenige Kartoffeln verschwendet, bezahlt wenige Kartoffeln.«

Como poco coco como, poco coco compro.

»Weil ich wenig Kokosnuß esse, kaufe ich selten Kokosnüsse.«

Tres tristes tigres tragaban trigo en un trigal en tres tristes trastos.

»Drei traurige Tiger verschlangen auf einem Weizenfeld Weizen aus drei schäbigen Trögen.« Und hier noch ein weiteres Beweisstück:

El tomatero Matute mató al matutero Mota porque Mota el matutero tomó de su tomatera un tomate. Por eso, por un tomate, mató el tomatero Matute al matutero Mota.

Meint: »Der Tomatenbauer Matute tötete den Schmuggler Mota, weil Mota, der Schmuggler, eine Tomate von Matutes Tomatenfeld gestohlen hatte. Deshalb, wegen einer Tomate, tötete der Tomatenbauer Matute den Schmuggler Mota.«
Das läßt sich kinderleicht hersagen. Aber ließe sich nicht auch im Deutschen etwas Zungenbrecherisches mit den angeführten Lebensmitteln veranstalten?

Flotte Kartoffelflocken torkelten ...
Trockenes Bootbrot droht im Trockendock ...
Turbulent taumelten matte Muttertomaten ...
Verneinter Weinstein einte Einsteins Eiswein ...

Nein: So geht es nicht. Eingängige Zungenbrecher lassen sich nicht künstlich erzeugen. Die besten stammen aus dem Volksmund, und nur wahrhaft großen Dichtern ist es gegeben, hierzu etwas beizusteuern, das so einprägsam ist wie der be-

rühmte »luftpostphilatelistische Leckerbissen«, den wir Max
Goldt zu verdanken haben. Katastrophal sind hingegen die Ver-
suche verlaufen, mit denen die Werbeindustrie den Ohren der
Kartoffelchipskonsumenten schmeicheln wollte; aus solchen
Bemühungen resultieren Adjektive wie »knabberknackig« und
»knusperknackig« (vgl. Eckhard Henscheid: »Dummdeutsch«,
Stuttgart 1993, S. 131f.).
Von diesem Abstecher ins Unappetitliche nun aber rasch zu-
rück nach Spanien und zu der Frage: Was macht Rosa Rizo?

Rosa Rizo resa ruso, ruso reza Rosa Rizo.

»Rosa Rizo betet auf russisch, auf russisch betet Rosa Rizo.«
Gut, daß das geklärt ist. – Und was macht Pancha?

Pancha plancha con cuatro planchas.
¿Con cuantas planchas plancha Pancha?

»Pancha bügelt mit vier Bügeleisen. Mit wie vielen Bügeleisen
bügelt Pancha?« Viele der spanischen Zungenbrecher prunken
mit einem enormen Reichtum an Plopplauten.

Pabla le dió con el palo a Pablo y Pablo le dió con la tabla a
Pabla.

»Pabla wurde von Pablo mit dem Stock geschlagen und Pablo
von Pabla mit dem Brett.« Oder:

Pablito piso el piso, pisando el piso Pablito piso cuando
Pablito piso el piso, piezas de piso piso Pablito.

»Pablito betrat die Wohnung, und während er auf den Fußbo-
den trat, trat er auf Teile des Fußbodens.« Als Romananfang
wäre das wenig tauglich. Es gehört eben zu den unschätzbaren
Vorzügen von Zungenbrechern, daß nach dem ersten Satz kein

ganzer Roman kommt, sondern im allgemeinen nur der nächste Zungenbrecher. Beispielsweise dieser hier:

En Pinto, Juan Ponte el quinto, por la pintura despunta, y al puente de punta a punta pinta al punto Ponte en Pinto.

»In Pinto malt der wegen seiner Malerei berühmte Juan Ponte V. die Brücke an der Stelle bei Punto in Pinto von beiden Seiten bis zum Ende.« Auch das wäre kein guter Romananfang. Niemand würde wissen wollen, wie es weitergeht. Es kommt zwar durchaus vor, daß sich aus dem selbstgenügsamen Wortgeklingel eine plausible Aussage ergibt:

La pícara pájara pica la típica jícara.

»Die böse Schurkin sticht in die giftige Frucht.« Aber das sind Ausnahmen. In der Regel haben wir es mit vollkommen nichtsnutzigen Mitteilungen zu tun, die der Rede nicht wert wären, wenn sie sich nicht so ulkig anhörten:

Otorrinolaringólogo trabaja en la otorrinolaringología.

»Der Hals-Nasen-Ohren-Arzt arbeitet in der HNO-Heilkunde.« Und das ist noch eine vergleichsweise brauchbare Information, verglichen mit der Nachricht von dem Rohr, das ein Rohr umgeworfen habe und von einem anderen aufgehalten worden sei – es gebe Rohre, die Rohre hätten, doch dieses habe keines gehabt:

Un tubo tiró un tubo y otro tubo lo detuvo. Hay tubos que tienen tubos pero este tubo no tuvo tubo.

In ihrer erhabenen Sinnlosigkeit können andere Exemplare, wenn man sie wie ein Mantra wiederholt und sich nicht verhaspelt, die Verstandestätigkeit vollständig außer Kraft setzen:

Del pelo al codo y del codo al pelo, del codo al pelo y del pelo al codo ...

»Von den Haaren bis zum Ellbogen und vom Ellbogen bis zu den Haaren, vom Ellbogen bis zu den Haaren und von den Haaren bis zum Ellbogen ...«

Ebenso töricht wirkt der an einen Geschichtenerzähler gerichtete Ratschlag, beim Geschichtenerzählen die Geschichten zu zählen, die er erzähle:

> **Cuando cuentes cuentos, cuenta cuantos cuentos cuentas, cuando cuentes cuentos.**

Noch närrischer nimmt sich die gegenteilige Empfehlung aus (»Wenn du Geschichten erzählst, dann zähle niemals, wie viele Geschichten du erzählst, denn wenn du Geschichten erzählst, dann zählst du nie, wie viele Geschichten du erzählst«):

> **Cuando cuentas cuentos nunca cuentas cuantos cuentos cuentas, porque cuando cuentas cuentos nunca cuentas cuantos cuentos cuentas.**

Ins Irrationale spielen auch gewisse Fragen hinein, die an Bedeutung zu gewinnen scheinen, sobald eine Liebe sich in eine Beziehung verwandelt hat: »Wie willst du von mir geliebt werden, wenn derjenige, von dem ich geliebt werden will, mich nicht so liebt, wie ich gern von ihm geliebt werden möchte?«

> **¿Como quieres que te quiero si al que quiero que me quiera no me quiere como quiero que me quiera?**

Fortgeschrittene, die solche Fragen formulieren können, werden auch die höchste Hürde überwinden, die das Spanische der menschlichen Zunge entgegensetzt. Es geht in diesem Fall um

einen Vulkan in der Nähe des mexikanischen Dorfs Parangaricutirimicuaro:

**El volcán de parangaricutirimícuaro se quiere
desparangaricutiriguarízar, y él qué lo
desparangaricutiricuarízare será un buen
desparangaricutirimízador.**

Eine entschärfte, der besseren Lesbarkeit halber vom Vulkan
bei Parangaricutirimicuaro auf den Popocatépetl verlegte Übersetzung würde ungefähr folgendermaßen lauten: »Der Popocatépetl möchte entpopocatépetlt werden, und derjenige, welcher
ihn entpopocatépetlt hat, wird ein guter Entpopocatépetler
sein.«
Wer wollte daran zweifeln?

Como como como

»Trava-linguas«
aus dem portugiesischen Sprachraum

Manche Italiener können sich, wie wir gelernt haben, untereinander durch Vokalreihen von schlangenhafter Länge verständigen: »Aiéi i éa èio aóa i è èio e àia.« Dazu sind auch die Portugiesen fähig, indem sie etwas ausrufen, das ungeübten Ohren recht ähnlich erscheint, obwohl es, versteht sich, eine völlig andere Bedeutung hat, nämlich die, sich den Aufruhr dort anzusehen:

Ih, ó o auê aí, ó!

Böswillige könnten darin auch die unartikulierten Laute einer Person vermuten, die versehentlich eine heiße Herdplatte angefaßt hat. Fremde Sprachen, schrieb der Historiker Arno Borst, hätten seit jeher »eine unerschöpfliche Quelle für höhnische Witze« gebildet; selbst das kultivierte Altertum habe über die »Barbaren« und deren vermeintliches Stammeln gespottet. Um so schöner ist es, im Zuge der modernen Völkerverständigung auch in den scheinbar sinnlosen, rein lautmalerisch wirkenden Vokalgebilden einer Fremdsprache den erfinderischen Menschengeist zu würdigen, der mit einer Handvoll Buchstaben komplexe Zusammenhänge erschließt und dramatische Wirkungen erzielt.

Zehn Buchstaben genügen im Portugiesischen für die Übermittlung der Nachricht, daß eine Ratte an der Robe des römischen Königs nage:

O rato roeu a roupa do rei de Roma.

Und ganze sechs Buchstaben reichen für die Meldung aus, daß Lara den seltenen Ara anbinde, den seltenen Ara aus Araraquara:

Lara amarra a arara rara, a rara arara de Araraquara.

Nicht mehr als vier Buchstaben sind für die Aussage erforderlich, daß die Spinne den Frosch kratze und der Frosch die Spinne:

A aranha arranha a rã. A rã arranha a aranha.

Noch bescheidener sind die Mittel, mit denen sich eine Frage nach den Eßgewohnheiten stellen und beantworten läßt (»Wie ich esse? Ich esse, wie ich esse«):

Como como? Como como como.

Vorzüglich passen dazu eine Zusatzfrage und ihre Bejahung (»Kann ich das Pulver hinzufügen? Ja, ich kann das Pulver hinzufügen«):

Pó pô o pó? Pó pô.

Apropos:

O que é que Kiko quer? Kiko quer caqui.
Que caqui que Kiko quer? Kiko quer caqui café.

Das bedeutet: »Was will Kiko? Kiko will Khaki. Welches Khaki will Kiko? Kiko will kaffeebraunes Khaki.« Und Papst Paul ißt Ente vom Silbergeschirr:

O Papa Paulo papa pato no prato de prata.

Spielend übertroffen wird dieser Plopplautreichtum in der portugiesischen Version der Mitteilung, daß der Spann an Pedros Fuß schwarz sei und daß der, der sage, daß der Spann an Pedros Fuß schwarz sei, am Fuß einen Spann habe, der schwärzer sei als der Spann an Pedros Fuß:

> **O peito do pé de Pedro é preto. Quem disser que o peito do pé de Pedro é preto, tem o peito do pé mais preto do que o peito do pé de Pedro.**

Das sind so die Lektionen, die Amateure in den Irrsinn treiben können. Für Fortgeschrittene empfiehlt sich ein Gang in die Konfektionsabteilung (»Kumpel, kaufe wenige graue Mäntel, denn wer wenige graue Mäntel kauft, der verschleißt wenige graue Mäntel. Ich habe wenige graue Mäntel gekauft und wenige graue Mäntel verschlissen«):

> **Compadre compre pouca capa parda porque quem pouca capa parda compra pouca capa parda gasta. Eu pouca capa parda comprei e pouca capa parda gastei.**

Zu guter Letzt mag noch der wohlgemeinte Ratschlag folgen, Schnabeltier nicht mit Hals-Nasen-Ohren-Arzt zu verwechseln, Hals-Nasen-Ohren-Arzt nicht mit Ornithologe und Ornithologe nicht mit Schnabeltier, denn Schnabeltier ist Schnabeltier, Ornithologe ist Ornithologe und Hals-Nasen-Ohren-Arzt ist Hals-Nasen-Ohren-Arzt:

> **Não confunda ornitorrinco com otorrinolaringologista, otorrinolaringologista com ornitologista, ornitologista com ornitorrinco, porque ornitorrinco é ornitorrinco, ornitologista é ornitologista e otorrinolaringologista é otorrinolaringologista.**

Und dabei soll es auch bleiben.

Vær hver' vejr værd

»Tungen-Twister«
Tips für Dänemarktouristen

Es gibt einen dänischen Zungenbrecher, den auch jeder Deutsche sofort versteht:

Fisker Frits fisker friske fisk.

Die Bedeutung eines anderen Zungenbrechers läßt sich leicht erraten:

Man kan ikke altid plukke frisk frugt med en brugt frugt plukker.

Richtig: »Man kann Obst nicht immerzu mit einem gebrauchten Obstpflücker pflücken.« Nächste Aufgabe:

Ringeren i Ringe ringer ringere end ringeren ringer i Ringsted.

Auflösung: »Der Glöckner in der Stadt Ringe läutet die Glocken noch miserabler als der Glöckner in Ringstedt.« Darauf hätte man zur Not vielleicht noch kommen können. Aber jetzt wird's schwierig:

Da de hvide kom til de vilde, ville de vilde vide hvad de hvide ville de vilde.

Sobald man jedoch die Übersetzung gelesen hat, sieht auf einmal auch das Original recht einfach aus: »Als die Weißen zu den Wilden kamen, wollten die Wilden wissen, was die Weißen von den Wilden wollten.«

Lesenswert sind auch die dänischen Bezeichnungen für einhundert Pfund Wolle von einer Pudelhündin (»hundrede pund hunpuddelhundeuld«), geräucherte Forelle mit Rührei und rote Grütze mit Sahne (»røget ørred med røræg og rødgrød med fløde«) und fünf flache, sahnegefüllte Windbeutel auf einer flachen Sahnewindbeutelschüssel (»fem fladc flødeboller på et fladt flødebollefad«). Wer das Land näher erkunden möchte, der beherzige den Rat, sich für jede Wetterlage zu wappnen:

Vær hver' vejr værd.

Von Zeit zu Zeit wird man in Dänemark Bemerkungen aufschnappen, die in keinem Sprachführer verzeichnet sind und unerklärlich bleiben. Daran ist nichts zu ändern, es sei denn, es handele sich um den folgenden Satz:

A æ o æ ø i æ å, æ a!

Das ist Westjütländisch und heißt: »Ich stamme von einer Insel im Strom.«

Voksen bokser vasker bukser

»Tungeknekker«
Exportschlager aus Norwegen

Machen wir es kurz:

Hypernevrokustiskediafragmakontravibrasjoner

ist das norwegische Wort für Schluckauf. Eigenwillig sind auch die norwegischen Bezeichnungen für den Kirchengiebel (»kjyrkje skutjen«), für eine stramme Zwergbirke (»en djerv dvergbjerk«) und für russische Johannisbeersträucher und andere russische Johannisbeerstrauchgewächse (»russiske ripsbusker og andre russiske ripsbuskvekster«).
Nach dem hier bereits durchgenommenen Bauprinzip »red lorry, yellow lorry« ist die Aufzählung von gebratenem und gekochtem Kabeljau konstruiert:

Stekt torsk, kokt torsk, stekt torsk, kokt torsk ...

Der Fischersfritze, der seine frischen Fische am vorigen Freitag gefischt hat, trägt in Norwegen den Vornamen Finn:

Fisker'n Finn fiska fersk fisk forige fredag.

Dort kommt es auch vor, daß ein erwachsener Boxer seine Hosen wäscht ...

Voksen bokser vasker bukser.

... und daß ein Oberster Richter in einem Vergnügungspark arbeitet:

Høyesterettsjustitiarius sysselsettes i et forlystelsesetablissement.

Die Frage, ob man gedacht habe, daß es tropfe, soll im ostnorwegischen Dialekt den folgenden Wortlaut haben:

Trudderudderanntann?

Westnorwegischen Ursprungs ist hingegen die Frage, ob man mit Puppen spiele:

Leika dåkkå dåkkå mæ dåkkå dåkkå då?

Nach diesen Vorübungen kann sich jeder selbst einmal an einer Übersetzung aus dem Norwegischen versuchen.

Hadde jeg hatt den hatten jeg hadde hatt, så hadde jeg hatt en hatt jeg òg.

Korrekt wäre: »Hätte ich den Hut gehabt, den ich gehabt hatte, dann hätte auch ich einen Hut gehabt.«

Und jetzt übersetzen Sie bitte den folgenden Satz vom Deutschen ins Norwegische: »Du solltest Kalle nicht Kalle nennen; selbst wenn Kalles Mutter Kalle Kalle nennt, solltest du Kalle nicht Kalle nennen, denn Kalles richtiger Name ist Karl.«

Geschafft? Dann vergleichen Sie Ihre Fassung bitte mit dem Original:

Du ska ikkje kalle Kalle for Kalle, selv om moren til Kalle kallar Kalle for Kalle, ska'kje du kalle Kalle for Kalle, for Kalle hetar egentlig Karl.

Und damit verlassen wir Norwegen zügig in Richtung Schweden, um in Erfahrung zu bringen, was ein »typiskt västkustsk
köksväxt« ist.

Kvistfritt kvastskaft

»Tungvrickare«
Zungenbrecher aus Schweden

Ein »typiskt västkustsk köksväxt«, um das gleich eingangs zu erläutern, ist ein typisches, zum Kochen geeignetes Westküstengewächs, während ein »kvistfritt kvastskaft« einen zweigfreien Besenstiel vorstellt und »sex laxar i en laxask« sechs Lachse in einer Lachsdose bedeuten.

Diese und viele andere Kleinodien haben wir der schwedischen Sprache zu verdanken. Auf unnachahmliche Art läßt sich in ihr zum Ausdruck bringen, daß sieben seekranke Seemänner von siebzehn schönen Krankenschwestern gepflegt worden sind ...

**Sju sjösjukliga sjömän sköttes av sjutton sköna
sjuksköterskor.**

... oder daß sich sieben herrlich singende Krankenschwestern auf dem Schiff »Shanghai« um siebzehn seekranke Seemänner gekümmert haben ...

**Sju skönsjungande sjuksköterskor skötte sjuttiosju
sjösjuka sjömän på skeppet »Shanghai«.**

... oder daß der Droschkenkutscher Max mit Fuchspferden kutscht und mit der Droschkenkutschentaxe schummelt:

**Droskkusken Max kuskar med fuxar och fuskar med
droskkusktaxan.**

Eine andere uralte schwedische Sage handelt von Knut, der in der Ecke saß und einen Knoten flocht, und von dem Knoten, der geflochten war, nachdem Knut ihn geflochten hatte:

Knut satt vid en knut och knöt en knut.
När Knut knutit knuten var knuten knuten.

Und so bewahren viele schwedische Zungenbrecher etwas von der friedvollen Weltabgeschiedenheit und geistigen Genügsamkeit, in der sich einst das Leben der Bewohner Bullerbüs vollzogen hat. Viel leichter als der Wunsch nach aufklärerischer Literatur und sogenannten Schwedenfilmen ist ihnen die Bitte über die Lippen gegangen, statt dessen das Gerüst in das Gerüstgestell im Stall zu stellen:

Ställ stället i ställ-stället i stallet istället.

Aus diesem goldenen Zeitalter stammen auch die von einem Kind an seinen Großvater gerichtete Frage, ob Schafe Schafe bekämen, und seine Antwort: »Nein, Schafe bekommen keine Schafe, Schafe bekommen Lämmer.«

»Farfar, får får får?«
»Nej, får får inte får, får får lamm.«

Noch schlichter, in jeder Hinsicht, nimmt sich der folgende Dialog aus: »Ist dies, was es ist?« – »Ja, dies ist, was es ist.« In südschwedischer Mundart spricht daraus der unverfälschte Charakter eines Volks, das in der Einsilbigkeit eine Tugend erkannt hat:

»E' de' de' de' e'?«
»Jia, de' e' de' de' e'.«

Ihre höchste und reinste Erscheinungsform hat die Schnörkellosigkeit der Rede in der Feststellung erreicht, daß im Strom eine Insel sei und in der Insel ein Strom:

I åa ä e ö å i öa ä e å.

Der auffällige Konsonantenmangel bringt den Vorteil mit sich, daß dieser Satz auch von Betrunkenen bemerkenswert gut ausgesprochen werden kann.
Und nun haben die Finnen das Wort.

Vesihiisi sihisi hississä

»Sanahirviö«
Finnische Kabinettstücke

Der Landessprache nicht mächtige Finnlandreisende neigen manchmal dazu, vom Idiom der Einheimischen auf deren Trunksucht zu schließen. Ein Beispiel:

> **Hiljaa Hilja sanoi Hiljalle hiljaa niin hiljaa ettei Hilja kuullut miten hiljaa Hilja sanoi Hiljalle hiljaa.**

Der Verdacht, daß es sich hier um haltloses Gelalle handele, scheint nicht weit hergeholt zu sein, und doch hat diese Äußerung Hand und Fuß, wie die deutsche Übersetzung erweist: »Hilja ist eine Frau, die zu einer anderen Frau namens Hilja sagt, daß sie still sein soll, und sie sagt es so leise, daß Hilja nicht hören kann, wie leise Hilja ihr sagt, daß sie still sein soll.« Ein anderes Beispiel:

> **Höyhen löytyi yöllä työpöydältä.**

Auch dieser Satz ist tadellos gebaut und sinnvoll: »Des Nachts wurde eine Feder auf dem Arbeitstisch gefunden.« Ein drittes Beispiel:

> **Ääliö, älä lyö! Ööliä läikkyy!**

Das bedeutet: »Nicht schlagen, du Idiot! Das Bier wird überschwappen!«

Man sieht: Nicht alle Finnen, die zu lallen scheinen, müssen zwangsläufig dem Alkohol verfallen sein. Entgegen einem verbreiteten Vorurteil sind viele nüchtern genug, um sich Landsleuten zuwenden zu können, die der Fürsorge bedürfen. Dann hört man beispielsweise die folgende Frage: »Weinst du ganz allein und hustest du von ganz allein?«

Yksikseskös itkeskelet, itsekseskös yskiskelet?

Schlimm ist es natürlich, wenn der Arzt ein falsches Mittel gegen Kopfschmerzen verschreibt:

Lääkäri määrääsi väärää päänsärkylääkettä.

Unter solchen Umständen können dem betroffenen Finnen Visionen erscheinen wie die von einem im Fahrstuhl zischenden Seeungeheuer:

Vesihiisi sihisi hississä.

Zu den Preziosen, die Finnland darüber hinaus zu bieten hat, zählen ein guter Liter dünner Rhabarbersuppe (»raparperilirua reilu litra«), der lyrische Gesangspart in einem Liedersängerlager (»lyyrinen laulurooli laululeirillä«) und ein unbestimmtes Vorhaben, das ein Nachtarbeiter aus Köyliö in der Hochzeitsnacht auszuführen gedenkt (»Köyliöläisen yötyöläisen hääyöaie«).
Eindrucksvoll ist auch die Geschichte von Kirka, die in einer Kirche aufgeschrien haben soll: »Eine helle Kirche!«

Kirkas kirkko, kirkas Kirka kirkos.

Oder die von dem Kranich, der ins Gurkenglas gespäht hat:

Kurki kurkki kurkkupurkkiin.

Oder die Bitte, ein Freudenfeuer herzurichten:

Kokoo kokoon koko kokko.

Wie sich gleich zeigen wird, gehört in diesen Zusammenhang auch das Erlebnis eines in Finnland berühmten Erfinders. Er erfand einen Keks, und nachdem er den Keks erfunden hatte, fand er heraus, daß dieser Keks bereits erfunden worden war:

Keksijä keksi keksin. Keksittyään keksin keksijä keksi keksin keksityksi.

Was soll man mit solchen Erfindungen machen?

Ta ti tu tå.

Das heißt auf deutsch: »Du nimmst sie dann.« Womit auch schon fast das Ende dieses Kapitels erreicht ist. Wenn Kirka und Hilja schweigen, wäre jetzt die Gelegenheit günstig, ein finnisches Naturschauspiel in Augenschein zu nehmen. Hier und da wehen im Winter die stürmischen Winde von Tuula und Tuuli:

Tuulan ja Tuulin tuulinen tuuli tuulee talvella täällä ja tuolla.

Auf einmal tritt ein Finne aus dem Unterholz hervor und sagt: »Zu guter Letzt habe ich mich mit der Birkenrute geschlagen.« Doch er sagt es natürlich auf finnisch:

Vihdoin vihdoin vihdoin.

Gleichfalls auf finnisch fügt er sonderbarerweise noch hinzu, daß ermittelnde Detektive nach ermittelnden Detektiven suchen werden:

Etsivät etsivät etsivät etsivät etsivät.

In seinem eigenen Fall hat dieser Finne ein wenig Ahnen-
forschung betrieben, deren Ergebnisse er kurz zusammenfaßt
(»Meine Großmutter machte meine Mutter, meine Mutter
machte mich«):

**Mun mummuni muni mun mammani, mun mammani
muni mun.**

Jemand fragt ihn: »Hat sie?«

Ha o he ho?

Er erwidert: »Sie hat.«

He ha o he.

Und dann kehrt Stille ein.

Pękł pąk, pękł strąk

»Łamaniec językowy«
Teuflisches aus Polen

Als der amerikanische Schriftsteller Mark Twain einst einen
Bummel durch Europa machte, fiel ihm die Verständigung mit
Deutschen schwer. Wer nie Deutsch gelernt habe, schrieb er,
der mache sich keinen Begriff davon, wie kompliziert diese
Sprache sei: »Ein durchschnittlicher Satz in einer deutschen
Zeitung ist eine erhabene, ehrfurchtgebietende Kuriosität; er
nimmt eine Viertelspalte ein; er enthält sämtliche zehn Wort-
arten – nicht in ordentlicher Reihenfolge, sondern durchein-
andergewürfelt; er besteht hauptsächlich aus zusammengesetz-
ten Wörtern, die der Verfasser an Ort und Stelle gebildet hat
und die in keinem Wörterbuch zu finden sind – sechs oder sieben Wörter zu einem zusammengepreßt, und zwar ohne Naht
und Saum, das heißt: ohne Bindestriche; er behandelt vierzehn
oder fünfzehn verschiedene Gegenstände, von denen jeder in
seine eigene Parenthese eingeschlossen ist, und jeweils drei
oder vier dieser Parenthesen werden hier und dort durch eine
zusätzliche Parenthese abermals eingeschlossen, so daß Hürden innerhalb der Hürden entstehen; schließlich werden alle
diese Parenthesen und Unterparenthesen zwischen zwei Über-
parenthesen zusammengeballt, deren eine in der ersten Zeile
des majestätischen Satzes anhebt und deren andere in der
Mitte seiner letzten Zeile aufhört – *und danach kommt das Verb*,
und man erfährt zum ersten Mal, wovon der Mann gesprochen
hat; und nach dem Verb – rein zur Verzierung, soweit ich das
ergründen konnte – schaufelt der Verfasser noch ›*haben sind ge-*

wesen gehabt haben geworden sein‹ oder Worte ähnlicher Bedeutung hinterdrein, und das Monument ist fertig.«

Das Nachbarland Polen hat Twain bei seinem Bummel leider nicht erreicht. Es wäre interessant gewesen zu erfahren, wie er eine Sprache beurteilt hätte, deren Tücken nicht erst im Satzbau, sondern bereits in der Buchstabenkombination zutage treten. Setzt man die schlichtesten polnischen Zungenbrecher an den Anfang, so sieht es zunächst zwar noch nach einem Spaziergang aus: »Jola lojalna, nielojalna Jola« (»Treue Jola, untreue Jola«), »Ta tapeta tu, tamta tapeta tam« (»Diese Tapete ist hier, jene Tapete ist dort«) – das stellt niemanden vor größere Probleme. Die Schwierigkeiten beginnen aber schon mit einer Motte, die eine andere zu belästigen versucht:

Ćma ćmfę ćmi.

Sie steigern sich, wenn von einer Fliege die Rede ist, die von einer anderen geschubst wird und weint:

Pchła pchłę pchała, pchła płakała.

Eine weitere sprunghafte Zunahme der Schwierigkeiten bringt die folgende kleine Tiergeschichte mit sich: »Eine Hummel fiel auf eine Schote und eine Schote auf eine Knospe. Die Knospe platzte, die Schote platzte, und die Hummel erschrak.«

Spadł bąk na strąk, a strąk na pąk.
Pękł pąk, pękł strąk, a bąk się zląkł.

Bleiben wir noch ein wenig im Tierreich: »In Szczebrzeszyn brummt ein Käfer im Schilf.«

W Szczebrzeszynie chrząszcz brzmi w trzcinie.

Und: »Drei bunte Wachteln flogen durch drei bunte Miethäuser.«

Przeleciały trzy pstre przepiórzyce przez trzy pstre kamienice.

Schöner kann man es wirklich nicht ausdrücken. Und nun höre oder sehe man die Freude überschäumen, wenn es heißt: »Ich bin glücklich, daß du glücklich bist.« Auf polnisch lautet dieser Satz:

Cieszę się, że się cieszysz.

Ist das nicht herrlich? Eindrucksvoll klingt auch die Nachricht, daß Sasza in der Dürrezeit eine trockene Straße entlanggegangen sei:

W czasie suszy suchą szosą Sasza szedł.

Relativ leicht wiederum ist die polnische Version der Frage auszusprechen: »Papa, liest du Zitate von Tacitus?«

Tata, czy tata czyta cytaty Tacyta?

Anders sieht es aus, wenn man den Vater durch drei Zitherspielerinnen ersetzt und die Frage ein wenig anders stellt: »Spielen die drei Zitherspielerinnen Zither oder lesen sie Zitate von Tacitus?«

Czy trzy cytrzystki grają na cytrze, czy czytają cytaty z Tacyta?

Da kommt keine westeuropäische Zunge mehr mit. Versuchen Sie es erst gar nicht. Lassen Sie die restlichen für dieses Kapitel ausgewählten Zungenbrecher lieber unausgesprochen auf Ihre Sinne wirken.

Szczoteczka szczoteczce szczebioce coś w teczce.

»Eine Zahnbürste tuschelt einer anderen Zahnbürste in einer Aktentasche etwas zu.«

Wyindywidualizowaliśmy się z rozentuzjazmowanego tłumu.

»Wir setzten uns von der begeisterten Menge ab.«

Nie pieprz Pietrze wieprza pieprzem, bo przepieprzysz wieprza pieprzem.

»Pietrze, pfeffere das Schweinefleisch nicht mit Pfeffer, denn mit dem Pfeffer wirst du das Schweinefleisch überpfeffern.«

Spod czeskich strzech szło Czechów trzech.

»Von den tschechischen Hütten kamen drei Tschechen.« Und die sagten:

Pod poklopem klapla klapka ...

Mehr darüber im nächsten Kapitel.

Vlk zmrzl

»Jazykolam«
Crash-Kurs Tschechisch

Zur Einstimmung ein Zitat aus Georg Kreislers berühmter »Telefonbuchpolka«:

Mein Name g'fällt mir nimmer –
ich heiße nämlich Brscht.
Mein Freund sein' Nam' ist schlimmer:
Der arme Kerl heißt Skrscht.

Ende der Einstimmung; Beginn des Kapitels. Bringen wir es hinter uns:

Pod poklopem klapla klapka.

Dieser tschechische Satz besagt, daß sich unter einem Augenlid ein anderes Augenlid öffne und schließe. Glaubwürdiger und naturnäher wirkt die Mitteilung, daß ein Wolf einem Reh ein Büschel Haare ausgerissen habe:

Vlk strhl srně hrst srsti.

Von einem anderen Wolf behauptet man, daß er einerseits erfroren sei und andererseits eine Handvoll Getreidekörner verschlungen habe:

Vlk zmrzl, zhltl hrst zrn.

Die gleiche Menge des gleichen Nahrungsmittels soll ein Bilch vertilgt haben, bevor er, wie es heißt, durch die Rasendecke entwichen sei:

Plch zdrhl skrz drn, prv zhltl hrst zrn.

Den Verzehr einer Handvoll Getreidekörner wird auch einem gefleckten Windhund nachgesagt:

Chrt pln skvrn zhltl hrst zrn.

Ein weiterer oder auch derselbe gefleckte Windhund soll aus der Stadt Brdy fortgelaufen sein:

Chrt pln skvrn zdrhl z Brd.

Kenner der tschechischen Zungenbrecherszene werden hier auch eine gefleckte Morchel erwarten, der man bescheinigt, daß sie von den Nebeln feucht geworden sei:

Smrž pln skvrn zvlhl z mlh.

Der fleckige Windhund wiederum ist durch Kornblumen hindurch in das Stadtviertel Krč eingedrungen:

Chrt pln skvrn vtrhl skrz trs chrp v čtvrť Krč.

Aus dem Tierreich wäre hier noch etwas über einen männlichen und einen weiblichen Straußenvogel sowie über deren Küken zu vermerken. Im Tschechischen ergibt sich bereits aus der Benennung dieser Tiere ein Zungenbrecher:

Pštros s pštrosicí a s pštrosíčaty.

Mitunter gestaltet sich im Tschechischen auch schon die Aufzählung einiger Obststücke äußerst schwierig:

(»Fünf Pflaumen, sechs Pflaumen, fünf Pflaumen, sechs Pflaumen ...«) Ja, selbst die schlichte Bitte, am kommenden Mitt-
woch um Viertel vor vier zu erscheinen, wächst sich auf tschechisch zu einem Problem aus:

Přijïte příští středu ve tři čtvrtě na čtyři.

Das alles wirft Fragen auf. Die erste lautet: »Wirst du meinen
Acker hacken oder wirst du meinen Acker nicht hacken?«

Pokopete-li mi to pole nebo nepokopete-li mi to pole?

Und die zweite: »Hat sich das Eisen in Eisen verwandelt oder
hat sich das Eisen nicht in Eisen verwandelt?«

Zaželezilo-li se železo, či nezaželezilo-li se železo?

Es schadet nichts, wenn diese Fragen offenbleiben. Abgeschlos-
sen werden sollte aber nun das tschechische Kapitel mit der
unverzichtbaren Auskunft, daß 333 silberne Sperlinge über 333
silberne Dächer geflogen sind:

**Tři sta třicet tři stříbrných křepelek přeletělo přes tři sta
třicet tři stříbrných střech.**

Pes spí, psi spia

»Jazyk-súkacích«
aus der Slowakei

Auf slowakisch hört es sich geringfügig anders an, wenn man davon spricht, daß 333 silberne Sperlinge über 333 silberne Dächer geflogen seien:

> **Tristotridsat'tri strieborných prepelíc preletelo cez tristotridsat'tri strieborných striech.**

Auf eine nahe Sprachverwandtschaft deutet auch der Zungenbrecher hin, in dem es heißt, daß sich ein männlicher Straußenvogel und ein weiblicher Straußenvogel mit den Straußenküken auf einen Straußenspaziergang begeben hätten:

> **Pštros s pštrosicou šli s pštrosíčať'om na pštrosiu prechádzku.**

Dem im deutschen Sprachraum plakateklebenden Kaplan wiederum entspricht in der Slowakei der Herr Kaplan, der in der Kapelle weint:

> **Pán kaplan v kapli plakal.**

Viele slowakische Zungenbrecher bestechen durch die Schlichtheit, mit der sie in wenigen Silben ein Maximum an Wirrsal erzielen. »Klára Králova spielte Klavier«:

> **Klára Králová hrala na klavíri.**

»Der Clown trocknet ein Handtuch«:

Šašo suší osušku.

Oder, besonders hinterhältig: »So ist es also, Vater.«

Tak ty takto tatko.

Das sieht nach nichts aus und ist doch ungemein schwierig. Viel seltener begegnet man dem umgekehrten Fall, in dem das Schriftbild eines Zungenbrechers dessen Raffiniertheit übertrifft:

Nataška Ťažká ťažká, či je taška ťažká.

Übersetzung: »Wenn die Tasche schwer ist, hat Nataška Ťažká schwer daran zu tragen.« Manche an und für sich schon tückische Wendungen wiederum werden durch die Wiederholung vollends unaussprechlich: »Ein Hund schläft, Hunde schlafen, ein Hund schläft, Hunde schlafen ...«

Pes spí, psi spia, pes spí, psi spia ...

Mit Hunden bekommt man es auch in dem folgenden Beispielsatz zu tun: »Die Nymphen der Villa flochten Gänseblumengirlanden und wurden von den Hunden aus der Villa angebellt.«

Víly z vily vence vili a psy na ne vyli z vily.

Wem das noch nicht genügt, dem sei gesagt: »Alle Soldaten waren schön behandschuht, doch der Befehlshaber war am schönsten behandschuht.«

Všetci vojaci boli vyrukavičkovaní, ale velite bol najvyrukavičkovanejší.

Láttam szőrös hörcsögöt

»Nyelvtörők«
Spezialitäten aus Ungarn

D ie Unsitte, Fremdsprachen, die einem nicht geläufig sind, als »barbarisch« zu verunglimpfen, geht auf die arroganteren unter den alten Griechen zurück, die auch den Begriff der Barbarei geprägt haben, für jeden ausländischen Bezirk, dessen Bewohner vermeintlich wirr, abartig, ungeschliffen und mehr oder weniger tierisch grunzen oder brabbeln, statt sich säuberlich zu artikulieren. Anläßlich der Niederlage des FC Bayern München in einem Spiel gegen Dnjepr Dnjepropetrowsk sprach Franz Beckenbauer einst von »Domobrowski oder wie der Kaas heißt«, um seine ganze Verachtung für einen Verein zu bekunden, dessen Name ihm nicht leicht über die Lippen gehen wollte. Es ist schwer zu sagen, zu welcher Form er wohl erst aufgelaufen wäre, wenn die gegnerische Elf nicht aus der Ukraine gestammt hätte, sondern aus Ungarn. Zum nationalen ungarischen Fußballverband Magyar Labdarugók Szövetsége zählen so prächtige Vereine wie Nyíregyháza Spartacus, Haladás Szombathely, Kaposvári Rákóczi, Videoton SC Székesfehérvár, Hajduböszörményi TE und Kecskeméti TE-Ereco, und es wäre schön, wenn sie sich auf internationaler Ebene mehr Respekt verschaffen könnten, als ein deutscher Fußballkaiser freiwillig vergibt.

Je näher man eine Fremdsprache kennenlernt, desto bereitwilliger offenbart sie ihre Schönheiten, und der scheinbare Mißklang wird zum Wohllaut, so wie in den hier angereihten ungarischen Kurzmeldungen über zwei Bäcker, die sich zwei blaue Bilder wünschen ...

Két pék két szép kék képet kér.

... über ein gutes Boot, das nur dann gut ist, wenn es ein gutes Boot ist ...

Akkor jó a jó hajó, ha jó hajó a jó hajó.

... und über fünf Türken, die inmitten endloser Lustbarkeiten fünf Griechen massieren.

Öt török öt görögöt dögönyöz örökös örömök között.

Aus gutem Grund läuft ein politischer Witz aus der Blütezeit des ungarischen Gulaschkommunismus auf die Unmöglichkeit hinaus, das Ungarische jemals als Weltsprache zu etablieren: Worin bestehen die Grundlagen des COMECON, der Wirtschaftsorganisation der sozialistischen Staaten? Antwort: In der Nüchternheit der Russen, der Ehrlichkeit der Polen, dem Fleiß der Bulgaren, der Technologie der Rumänen, dem Humor der Deutschen, der Unbestechlichkeit der Tschechen und der allgemeinen Kenntnis der ungarischen Sprache.
Ungarischen Ursprungs ist auch der originelle Vorschlag, Lenins Mausoleum mit Linoleum auszulegen:

Lenin mauzóleumának lelinóleumozása.

Von dieser noch relativ leicht erreichbaren Stufe aus kann jeder Interessierte, der guten Willens ist, in immer höher gelegene Regionen vorstoßen. »Der Papagei des Großvaters ist der Vater des Papageis des Vaters«:

A nagyapa papagája a papának a papagájának a papagája.

»Der Priester von Ibafa besitzt eine hölzerne Pfeife, und daher ist des Priesters Pfeife von Ibafa eines Priesters hölzerne Pfeife«:

Az Ibafai papnak fapipája van, ezért az Ibafai papi pipa papi fapipa.

»Nicht jede Elster hat bunte Schwanzfedern, nur die bunte Elster hat bunte Schwanzfedern«:

Nem minden fajta szarka farka tarka, csak a tarka fajta szarka farka tarka.

»Zwei Haufen nackter Würmer und zwei Haufen nackter Würmer ergeben vier Haufen nackter Würmer«:

Két kupac kopasz kukac meg két kupac kopasz kukac az négy kupac kopasz kukac.

»Ich sah einen bärtigen Hamster. Er schleckte Sirup. Ein Hamster, der Sirup schleckt, wird mit einer Hamsterzwinge fixiert«:

Láttam szőrös hörcsögöt. Éppen szörpöt szörcsögött. Ha a hörcsög szörpöt szörcsög rátörnek a hörcsög görcsök.

Hier erhebt sich natürlich die Frage, was man sich unter einer Hamsterzwinge vorzustellen hat. Möglicherweise ähnelt dieses Objekt in seiner hemmenden Wirkung jenem Aquarium, von dem Helge Schneider erzählt hat, daß ihm dort eines Tages aus Versehen ein kleiner Hai hineingefallen sei: »Der Hai ist ausgewachsen mittlerweile, er ist genau ins Aquarium reingewachsen, er ist ganz viereckig, es sieht furchtbar aus, ihm geht es nicht gut, aber ich kann auch nichts dran ändern, er hat es selbst so gewollt, er hätte sich ja auch was anderes überlegen können ...«

Im Ungarischen geht es noch höher hinauf, doch die Gipfelleistungen der Sprachkunst sollte man getrost den Spezialisten überlassen, die ihnen gewachsen sind. Damit ist vor allem die Geschichte jenes Mäusleins gemeint, das das Bäuchlein eines anderes Mäusleins knuffte, woraufhin auch das Mäuslein, dessen Bäuchlein geknufft worden war, das Bäuchlein des Mäusleins knuffte, das des anderen Mäusleins Bäuchlein geknufft hatte:

> **Egy icike-picike pocok pocakon pöckölt egy másik icike-picike pockot, mire a pocakon pöckölt icike-picike pocok is jól pocakon pöckölte az őt pocakon pöckölő icike-picike pockot.**

Als Amateur kann man da allenfalls noch sagen: »Gesundheit!«

> **Legkedvesebb megegészségesedésedre!**

Beziehungsweise: »Prost!«

> **Kedves megegészségesedésetekre!**

Aber auch das ist schon fast ein Ding der Unmöglichkeit.

Şase saşi în şase saci

Rumänische »limba-twister«

Die gespannten Beziehungen zwischen Rumänen und Rumäniendeutschen haben ihren Niederschlag sowohl in der rumäniendeutschen Lyrik als auch in manchen rumänischen Zungenbrechern gefunden.

Şase saşi în şase saci.

Das heißt: »Sechs Rumäniendeutsche in sechs Säcken.« Ein anderer Zungenbrecher handelt von sechs Rumäniendeutschen, die sechs Säcke voll geerntet haben:

Şase saşi cosaş cosesc şase saci săseşti.

Dann wiederum ist von 666 Rumäniendeutschen in 666 Säkken die Rede:

Şase sute saizeci si şase de saşi în şase sute saizeci şi şase de saci.

Im Interesse des Völkerfriedens wäre zu hoffen, daß diese Wendung vom Sackhüpfen inspiriert worden ist und als so harmlos gelten kann wie die, daß Stanca so wie Stan in einem Kastanienbaum gesessen habe:

Stanca stă-n castan ca Stan.

Von schwererem zungenbrecherischem Kaliber ist der folgende Beispielsatz:

Ştiu că ştiu că ştiuca-i ştiucă şi mai ştiu că ştiuca muşcă.

Das bedeutet: »Ich weiß, daß ich weiß, daß der Hecht ein Hecht ist, und außerdem weiß ich, daß der Hecht beißt.« Aus Erfahrung wissen die Rumänen auch, daß das Gestein das Gehörn des Ziegenbocks zerstört und das Gehörn das Gestein:

Piatra crapă capra, capra crapă piatra.

Überraschend gefällig hört sich dagegen die Mitteilung an, daß eine ältere blonde Dame eine große Banane verspeise:

O baba balana mananca o banana babana.

Und auch das religiöse Brauchtum bringt vergleichsweise eingängig klingende Satzmelodien mit sich:

Eu pup poala popii, popa pupa poala mea.

Auf deutsch: »Ich küsse das Gewand des Priesters, und der Priester küßt das meine.« Noch possierlicher hört sich die an einen Herrn Dudau adressierte Bitte an, zwei Maulbeeren von seinem Maulbeerbaum auf der anderen Straßenseite herzugeben:

Domnule Dudau, dä-mi doua dude din dudul dumitale de dincolo de drum!

Doch die reinste Poesie verbirgt sich, wie so oft, in der schlichtesten Aussage: »Das Schaf gehört ihr, ich nehme es.«

Oaia aia e a ei, eu i-o iau.

Man muß es schon glauben, wenn es einem an der Sprachkenntnis gebricht, so wie man ja auch glauben darf, was der *Pardon*-Reporter Robert Gernhardt 1970 vom Deutschen Onomatopoetentreffen in Bad Wuschl berichtet hat – dort, dies erfuhr er in einem fingierten Interview mit dem Nestor der Onomatopoetenszene, einem Herrn Holtz, habe niemand so trefflich wie der Wettbewerber Walter Kahl aus Zwiefalten das Geräusch eines aus großer Höhe herabfallenden Igels lautmalerisch nachgeahmt. Nämlich so:

Schschschschtt ... Fjjiiit ... bumsti!

I pri Prokope kipit ukrop

»Skorogovorki«
Russischlektionen

In Arno Schmidts Roman »KAFF auch Mare Crisium« erkundigt sich der Erzähler bei einem Dolmetscher danach, wie man auf russisch um Essen bitte. Und dann heißt es, in Schmidts eigenwilliger Rechtschreibung und Zeichensetzung:

> Wenn ich den Wunsch nach einem Imbiß verschpüre, möchte ich nur sagn: »Wascha=wsoki=blagorodjai wiliki präwosch: kodietexwoj tackdalscha.« – Ich bat ihn, er möge diesen fürchterlichen Satz auf 1 Schtück Papier schreibm, das ich mir um den Hals hängen und vorzeigen könne: zu erlernen vermöchte ich ihn nicht; wollte es auch nie versuchen. (Und wieviel Jahre geduldijn Fleißes mußte nicht 1 Russenkind verbringen, ehe es in die Lage kam, seine erste Bitte um Nahrung auszuschprechen? Mein bißchen Einbildunxkraft ›hakte aus‹ vor dem Gedanken!)

So wird es auch Lesern ergehen, die sich erstmals mit einigen russischen Zungenbrechern beschäftigen. Diese werden hier, so wie im folgenden Kapitel auch die griechischen, in lateinischer Schrift wiedergegeben, was aber auch schon die einzige Vereinfachung darstellt.

Erste Lektion: »Der Dieb Titus ist der Vater des Diebes Titus.«

Tat' Tit tatju Titu tjatja.

Zweite Lektion: »He, ihr Löwen, habt ihr nicht am Fluß Newa gebrüllt?«

Ay, vy l'vy ne vy li vyli u Nevy?

Zu leicht? Dritte Lektion: »Der Lügner legte es in eine Kiste, und die Lügnerin nahm es aus der Kiste heraus.«

Vral' klal v lar', a vral'ya brala iz larya.

Immer noch zu leicht? Wir werden sehen. Vierte Lektion: »Ein auf den Zehenspitzen stehender Zigeuner schnauzte ein Küken an: ›Kusch!‹«

Tsygan na tsypochkakh tsyplyonku tsyknuk tsyts.

Fünfte Lektion: »Zwei Hündchen, Backe an Backe, knabbern an einem Besen.«

Dva shchenka shcheka k shcheke shchiplyut shchetku.

Wer des Russischen nicht mächtig ist und hier trotzdem noch mitzukommen glaubt, der wird auch vor der sechsten Lektion nicht zurückschrecken: »Vier schwarze schmutzige kleine Teufel fertigten mit schwarzer Tinte eine Zeichnung an.«

Chetyre chyornenkikh chumazen'kikh chertyonka, chertili chyornymi chernilami chertyozh.

Im Ernst: Hier haben Amateure nichts mehr zu bestellen. Sie können vielleicht so gerade noch ihre Absicht kundtun, in einem russischen Fachgeschäft einen Haufen Speere zu kaufen (»Kupi kipu pik«), doch dann wird es zappenduster, wie die restlichen Lektionen zeigen. »Der Kuckuck kaufte eine Haube für den kleinen Kuckuck. Der kleine Kuckuck setzte die Haube auf. Wie ulkig sieht er mit dieser Haube aus!«

Kukushka kukushonku kupila kap'ushon. Nadel
kukushonok kap'ushon. Kak v kap'ushone on smeshon.

Vorletzte Lektion: »Erzähl mir von deine Einkäufen!« – »Von
welchen Einkäufen?« – »Von Einkäufen, von Einkäufen, von
deinen kleinen Einkäufen!«

Raskazhi mne pro pokupki!
Pro kakie prokupki?
Pro pokupki, pro pokupki, pro pokupochku tvoi!

Den Abschluß bildet ein Vierzeiler, in dem sich manches von
der Leidensfähigkeit, der Langmut und der Altersweisheit des
russischen Volkes mitzuteilen scheint: »Es kam Prokop – es
kocht der Dill. / Es ging Prokop – es kocht der Dill. / Prokop ist
da, es kocht der Dill. / Prokop ist fort, es kocht der Dill.«

Prishyol Prokop – kipit ukrop,
Ushyol Prokop – kipit ukrop;
I pri Prokope kipit ukrop,
I bez Prokopa kipit ukrop.

So soll es sein.

Tu to pa tu papu mu

»γλωσσοδέτης«
Aufbaukurs Griechisch

Einer Frau namens Marie beziehungsweise Mariechen hat die Hobbydichterin Anette Heiter den folgenden Brechstangenvers zugeeignet: »Mit Knoblauch kochen gern die Griechen. / Du glaubst es nicht? Dann geh, Mariechen!« Geistes-, form- und sachverwandt damit ist ein Zweizeiler des Feierabendpoeten Torsten Steiger: »Herr Wirt, ich möchte Sie nicht stressen, / doch griechisch heut' noch was zu essen?« (Nachzulesen in dem schönen, von Robert Gernhardt und Klaus Cäsar Zehrer herausgegebenen Sammelband »Bilden Sie mal einen Satz mit ...«, Frankfurt am Main 2007.)

Gegenfrage: Darf man von solchen Kalauern zu echten griechischen Zungenbrechern überleiten und sie in lateinischer Schrift wiedergeben? Wenn ja, dann wäre dies der erste:

Tu to pa tu papu mu.
Του το πα του παπού μου.

Übersetzung: »Ich hatte es meinem Großvater gesagt.« Und der zweite wäre:

Pefti epese to peiko, Pefti peftei o peikos kato.
Πέφτη έπεσε το πεύκο, Πέφτη πέφτει ο πεύκος κάτω.

»Der Nadelbaum fiel am Donnerstag, der Nadelbaum fällt am Donnerstag um.« Der dritte Zungenbrecher würde lauten:

Aspri petra xexaspri ki ap' ton ilio xexasproteri.
Άσπρη πέτρα ξέξασπρη κι απ' τον ήλιο ξεξασπρότερη.

»Heller weißer Stein, heller als die Sonne.« – Wie soeben gemeldet wird, ist es gemäß einem Beschluß der Europäischen Union tatsächlich zulässig, in diesem Stil fortzufahren und noch insgesamt fünf griechische Zungenbrecher aufzulisten. »Das Stuhlbein ist kaputtgegangen«:

Tis kareklas to podari xekareklopodarothike.
Της καρέκλας το ποδάρι ξεκαρεκλοποδαρώθηκε.

»Drei bartlose Spanier malen eine spanische Kavallerie auf eine Leinwand«:

Treis spanoi Ispanoi, eis pani ispanikon ippikon zographizoun.
Τρεις σπανοί Ισπανοί, εις πανί ισπανικόν ιππικόν ζωγραφίζουν.

»Die bartlosen Spanier malten eine in Panik versetzte spanische Armee auf eine Leinwand«:

Oi spanoi Ispanoi eis pani ezographisan Ispanikon straton eis panikon.
Οι σπανοί Ισπανοί εις πανί εζωγράφισαν ισπανικόν στρατόν εις πανικόν.

»Drei Tiger und drei Tigerbabys laufen, drei Tiger und drei Tigerbabys fressen«:

Treis tigreis ke tria tigrakia trehoun, tria tigrakia ke treis tigreis trone.
Τρεις τίγρεις και τρία τιγράκια τρέχουν, τρία τιγράκια και τρεις τίγρεις τρώνε.

»Der Tzitza-Baum, der Mitza-Baum, der Tzitzimitzicho-Baum, meine Geliebte stieg auf den Tzitza-Baum, den Mitza-Baum, den Tzitzimitzicho-Baum, und pflückte die Frucht vom Tzitza-Baum, vom Mitza-Baum, vom Tzitzimitzicho-Baum«:

> I tzítzaina, i mítzaina, i tzitzimitzichótzaina, i Déspoiná moy anébike sti tzítzaina, sti mítzaina, sti tzitzimitzichótzaina, kai ékopse ton karpon tis tzítzainis, tin mítzainis, tin tzitzimitzichótzainis.
>
> Η τζίτζαινα, η μίτζαινα, η τζιτζιμιτζιχότζαινα, η Δέσποινά μου ανέβηκε στη τζίτζαινα, στη μίτζαινα, στη τζιτζιμιτζιχότζαινα, και έκοψε τον καρπον της τζίτζαινης, την μίτζαινης, την τζιτζιμιτζιχότζαινης.

Zum eingangs markierten Niveau könnte man von hier aus abschließend mit der Frage zurückkehren, ob nicht vielleicht doch der junge Ingo Insterburg seine griechische Geliebte auf eine gefälligere Weise bedichtet hat: »Ich liebte ein Mädchen in Griechenland, das die Liebe am schönsten beim Kriechen fand.«

Bu eksi eski eksi

»Yanıltmaç«
Türkische Meisterleistungen

Auf den Umstand, daß die türkischen, auch an bundesdeutschen Kiosken erhältlichen Zeitungen »nicht nur immer bunter, sondern vor allem immer fleischfarbener, busenreicher, mit einem Wort: immer schweinischer« geworden seien, wiesen Eckhard Henscheid und Bernd Fritz 1986 im Satiremagazin *Titanic* hin. Sie illustrierten den Befund mit Bildern üppiger türkischer Pin-up-Girls und versuchten sich an einer kruden Oberflächenübersetzung der dazugehörigen Schlagzeilen und Bildunterschriften. Drei Beispiele mögen genügen:

> »Bu dostluğa gölge düştü«, schreibst du, Türke bzw. Türkin, zu diesem hundsgemeinen Bild. Hast du wirklich angenommen, daß wir Deutschen nicht rausbringen, was das heißt? Dabei ist es ganz einfach: »Bub, da schaust« (wörtlich: Bub, da tust luage) »welche Düsenapparate!« Besonders einfach zu durchschauen: »Giydiği külötlari satacak«: »Die wilde Giydigi kühlt Männersäcke«. Abermals, o Mann vom Halbmond, hast du unsere Dechiffrierfähigkeit unterschätzt: »Dikkat erkektir!« Na klar: »Da erigiert dein Dicker!«

In dieser spielerisch eingenommenen Pose des Tugendwächters, der sexistische Sprüche anprangert, obwohl sie doch nur seiner eigenen aufgereizten Einbildungskraft entsprungen sind, könnte man noch viele türkische Aussagesätze entlarven. Was

hätten die Autoren wohl erst in die folgende Äußerung hinein-
gelesen?

**Bu yoğurdu sarımsaklasak da mı saklasak,
sarımsaklamasak da mı saklasak?**

Tatsächlich handelt es sich um eine ganz harmlose Frage: »Sollten wir diesen Joghurt nach oder vor dem Hinzufügen von
Knoblauch wegtun?« Eine Variante lautet: »Sollten wir diesen
Joghurt vor dem Verzehr mit Knoblauch würzen oder sollten
wir diesen Joghurt vor dem Verzehr nicht mit Knoblauch würzen?«

**Şu yoğurdu sarımsaklasak da mı yesek, yoksa
sarımsaklamasak da mı yesek?**

Auch andere türkische Zungenbrecher lassen sich jugendfrei
übersetzen:

Bu eksi eski eksi.

»Diese saure Zitrone ist eine alte saure Zitrone.«

Şu köşe yaz köşesi, şu köşe kış köşesi.

»Diese Seite ist die Sommerseite, jene Seite ist die Winterseite.«

Dal kalkar kartal sarkar kartal sarkar dal kalkar.

»Der Schlagbaum hebt sich, der Adler sinkt, der Adler sinkt, der
Schlagbaum hebt sich.«

**Aldım odun kavlı odun aldım aldım anamın damına
kodum.**

»Ich sammelte Holz, Anmachholz, ich nahm es und deckte damit das Dach meiner Mutter.«

Hakkı hakkının hakkını yemiş. Hakkı Hakkı'dan hakkını
istemiş.
Hakkı Hakkıya hakkını vermeyince Haklı da Hakkı'nın
hakkından gelmiş.

»Hakký hat Hakkýs Portion gegessen. Deshalb hat Hakký seine
Portion von Hakký verlangt. Als Hakký seine Portion Hakký
verweigert hat, hat Hakký Hakký geschlagen.«

Kürkü yırtık erkek kel kör kirpinin yırtık kürkünü kürkü
yırtık dişi kel kör kirpinin yırtık kürküne, kürkü yırtık dişi
kel kör kirpinin yırtık kürkünü de kürkü yırtık erkek kel
kör kirpinin yırtık kürküne eklemişler.

»Sie haben das abgezogene Fell des männlichen kahlen, blinden Stachelschweins mit abgezogenem Fell zu dem abgezogenen Fell des weiblichen kahlen, blinden Stachelschweins mit
abgezogenem Fell hinzugetan, und sie haben das abgezogene
Fell des weiblichen kahlen, blinden Stachelschweins mit abgezogenem Fell zu dem abgezogenen Fell des männlichen kahlen,
blinden Stachelschweins mit abgezogenem Fell hinzugetan.«
Man sieht, der Mann vom Bosporus hat durchweg anderes
im Sinn als ordinäre »Düsenapparate«, und es wäre eine unzu-
lässige Verallgemeinerung, von den Fleischbeilagen in Unter-
schichtenjournalen auf die Moral eines ganzen Volkes zu
schließen. Erfreulicherweise gibt es sogar Anzeichen für eine
selbstironische Haltung gegenüber dem Nationalstolz, an dem
das Türkentum bis heute schwer zu tragen hat. In Deutschland
kennt man die »Amerikanisierung« und die »Russifizierung«,
und in den Zeiten des Kalten Krieges ging bisweilen auch das
Gespenst der »Finnlandisierung« um; die Gefahr einer Über-
fremdung durch die »Tschechoslowakisierung« scheint dage-

gen ein rein türkisches Phantasieprodukt zu sein, das seine Existenz in erster Linie seinem reizvollen Unwohlklang verdankt:

Siz çekoslovakyalılaştırabildiklerimizden misiniz, yoksa çekoslovakyalılaştıramadıklarımızdan mısınız?

Auf deutsch: »Konnten wir Sie tschechoslowakisieren oder konnten wir Sie nicht tschechoslowakisieren?«
Da die Tschechoslowakei nicht mehr existiert, werden die Türken wohl für immer untschechoslowakisiert bleiben.

NACHASH NASHACH NACHASH

»שובר שנים«
Hebräische Brocken

Auch in der unzulänglichen Wiedergabe durch lateinische Großbuchstaben büßen hebräische Zungenbrecher nichts von ihrer Schönheit ein, worum es sich auch immer handeln mag – um eine Flasche ohne Verschluß ...

BAKBUK BLI P'KAK.

... um rund sechzig alte schwarze Männer ...

KESHISHIM KUSHIM KSHISHIM.

... um die Auskunft, wo ein gewisser Sam eine Droge deponiert habe ...

SAM SAM SHAM SAM.

... oder um die Frage: »Wer hat ihn daran gehindert, Worte zu murmeln?«

MI MANA MIMENU LEMALMEL MILIM?

Eine der fruchtbarsten Zungenbrecherquellen bildet im Hebräischen die Hausarbeit. Erstes Beispiel: »Nimm einen Besen und fege die Hütte!«

KAH MATATE VE-TATE ATATA!

Zweites Beispiel: »Fege die Hütte!« – »Nein, *du* fegst die Hütte!«

– TATETATA!
– LO, ATA TATETATA!

Drittes Beispiel: »Hast du die Hütte gefegt?« – »Nein, *du* wirst die Hütte fegen.«

– TITETA ATA ET HATA?
– LO, ATA TETATE ET HATA!

Letztes Beispiel: »Ich habe die Hütte gefegt.« – »Hast du die Hütte gefegt? Fege jetzt die Hütte!«

– TITITI ET HATA.
– TITITA ET HATA? TITAY ATA ET HATA ATA!

Eine lethargische Putzfrau könnte darauf erwidern: »Ich bin keiner der männlichen Zauderer, ich bin von den weiblichen Zaudererinnen.«

ANI LO MEHAMITMAHAMEHIM, ANI
MEHAMITMAHAMEHOT.

Von einer ebenso arbeitsscheuen gemischtgeschlechtlichen Putzkolonne wäre die Antwort zu erwarten: »Wir sind keine von den flotten Jungs und keine von den flotten Mädels.«

ANACHNU LO MEHAMEMAHARIM WELO
MEHAMEMAHAROTH.

Und nur in einer extrem ungefegten Hütte kann die Frage ersonnen worden sein, wieviel Sand ein Mann an sämtlichen

Wochentagen essen könne, wenn er fähig wäre, an jedem einzelnen Wochentag ein halbes Kilo Sand zu essen:

KAMA CHOL YACHOL ADAM LE'ECOL BECHOL YEMOT HACHOL IM BECHOL YOM CHOL YACHOL ADAM LE'ECHOL CHETZI KILO CHOL?

Restlos vervollständigen lassen sich solche Listen nie, aber doch abrunden, wofür sich hier zwanglos die Aussage anbietet, daß eine Schlange eine Schlange gebissen habe, die eine Schlange gebissen habe:

NACHASH NASHACH NACHASH SHE NASHACH NACHASH.

Natla nachla, nahbit nachla

»اللسان الاعصار«

So scherzt der Araber

Von der wundersamen Welt Arabiens konnten sich die Bundesdeutschen in der Nachkriegszeit bei der Lektüre des Kinderbuchs »Mecki bei Sindbad« ein Bild machen. »Die Oase war klein. Sie lag in einer tiefen Schale, eine kleine grüne Insel mit herrlichen Dattelpalmen, Zitronen- und Orangenbäumen. Es war, als hätte sie ein mächtiger Zauberer in diese Sandwüste gelegt.« Dies berichtete der weitgereiste Igel Mecki seiner Leserschaft und gewährte ihr Aufschluß über seine Begegnung mit »dem berühmten Märchenerzähler der Oase«, der »auf dicken roten Kissen unter einem kostbaren Baldachin« saß, einen »prächtigen Turban« trug, von Zeit zu Zeit an einer Wasserpfeife sog und sich über das Getier in Meckis Gefolge wunderte, also über Charly Pinguin, die Ente Watsch, den Kater Murr und die sieben echt syrischen Goldhamster:

»Nanu!« sagte der Alte. »Was bringt ihr mir da für
reizende kleine Freunde mit?«
»Wir sind von der Rundfunkzeitung HÖR ZU«,
antwortete ich. »Wir waren schon auf dem Weg in
unsere Heimat, doch da hat uns der Wind einen
bösen Streich gespielt.«
»Wer weiß, wozu das gut ist«, sagte der Alte und strich
sich seinen langen weißen Bart. »Die Wege des
Schicksals sind wunderbar. Doch nun erzähle uns bitte
eure Geschichte, damit ich sie in meinem Gedächtnis

*festhalten und allen, die hier rasten, weitererzählen
kann.«
Ich holte tief Atem und begann, den Männern die
Geschichte unserer abenteuerlichen Reise zu erzählen ...*

Mecki, tief befangen in seinem Eurozentrismus, scheint überhaupt nicht auf die Idee gekommen zu sein, in der Oase seinerseits dem berühmten Märchenerzähler zuzuhören, anstatt auf ihn einzureden. Und dabei hätte dieser Mann doch sicherlich mancherlei zu sagen gehabt. Beispielsweise dies: »Meine Seele und deine Seele sind eins. Wohin auch immer deine Seele wandert, wird auch meine Seele wandern.«

Roukhi we roukhik ya roukhi roukhain be roukh matrakh ma troukh roukhik roukhi bet roukh!

Oder: »Diese Aprikosen sind nicht von unseren Aprikosen.«

Hadal mish mish mish min mish mishna.

Oder: »Diese Aprikosen sind nicht unsere Aprikosen, und die Stätte dieser Aprikosen ist nicht die Stätte unserer Aprikosen.«

Al mesh'mesh dah mish mien meshmeshkum wikamah al mesh'mesh dah mish mien meshmeshnah.

Oder (und das hätte auch die Ente Watsch interessiert): »Unsere Ente hat den Magen eurer Ente aufgeblasen; kann eure Ente den Magen unserer Ente so aufblasen, wie unsere Ente den Magen eurer Ente aufgeblasen hat?«

Battatna battat baten battatkom, tegdar battatkom etbot baten battatna methel ma battatna battat baten battetkom.

Oder auch: »Wir haben eine Kuh, und meine Tante Baraka hat eine Kuh. Wir haben unsere Kuh geschlachtet, und meine Tante Baraka hat ihre Kuh geschlachtet. Die Suppe aus unserer Kuh hat besser geschmeckt als die Suppe aus der Kuh meiner Tante Baraka.«

Ihna Indana Baqra, wakhalti baraka Indaha Baqra, Ihna dabahna baqaratna, wakhalti baraka dabahat bakaratha, telaat maraqa raqabat wakhalti baraka attam min maraqa raqabat baqratna.

Oder, um ein letztes Mal im Tierreich zu verweilen: »Ein Hahn namens Sagahfe sprang auf einen anderen namens Sagahfengah und kämpfte ihn nieder. Kann der Hahn Sagahfengah auf den Hahn Sagahfe springen und ihn so niederkämpfen, wie Sagahfe Sagahfengah niedergekämpft hat?«

Deak sagahfe we deak sagahfengah nat el deak el sagahfe nagah el deake el sagahfengah gahfe yakeder el deak el sagahfe yangahe el deak el sagahfengah zay el deak el sagahfengah nagh el deak el sagahfe gafe?

Es ist gut möglich, wenn nicht sogar wahrscheinlich, daß Mecki, Charly Pinguin, die Ente Watsch, der Kater Murr und selbst die sieben echt syrischen Goldhamster von alledem nur Bahnhof verstanden hätten. Wenn es dramaturgisch geboten ist, können sich arabische Erzähler aber auch kürzer fassen, als man ihnen gemeinhin zutraut: »Er klopfte an die Tür. Er sagte: ›Wer?‹ Er sagte: ›Amin.‹ Er sagte: ›Was hast du?‹ Er sagte: ›Die alte Frau.‹ Er sagte: ›Was hat sie?‹ Er sagte: ›Sie ist tot.‹ Er sagte: ›Wirklich?‹ Er sagte: ›Wirklich.‹ Er sagte: ›Komm mit.‹ Er sagte: ›Laß uns gehen.‹«

Daq al-bab.
Kaloo, »Mean?«
Kaloo, »Amin.«
Kaloo, »Malak?«
Kaloo, »I-hajji.«
Kaloo, »Malha?«
Kaloo, »Mawtat.«
Kaloo, »Balla?«
Kaloo, »Walla.«
Kaloo, »Hakni!«
Kaloo, »Yalla!«

Von dieser vorbildlich verschlankten Dialogführung hätte auch Mecki noch etwas lernen können. Der schönste arabische Zungenbrecher ist und bleibt jedoch:

Natla nachla, nahbit nachla.

Auf deutsch: »Palme raufklettern, Palme runterklettern.«

Rakshi shaktishali shasak

Rätselhaftes Indien

Wer sich vom Abendland aus in die buddhistischen Heilslehren einlesen möchte, der braucht einen langen Atem, gute Augen und viel Geduld bei der Beschäftigung mit dem Versiegen der Triebe (»āsavakkhaya«), der Reinheit des Lebensunterhalts (»ājīva-pārisuddhi«), der auf die Bedarfsgegenstände bezogenen Sittlichkeit (»paccaya-sannissita-sīla«), der in Reinheit bestehenden begrenzten Sittlichkeit (»pariyanta-pārisuddhi-sīla«), der Übung des mit jedem Lager Zufriedenen (»yathāsanthatikanga«), der verzückungsverbundenen Sammlung (»pīti-sahagata-samādhi«), der glücksgefühlsverbundenen Sammlung (»sukha-sahagata-samādhi«) und der gleichmutverbundenen Sammlung (»upekkhā-sahagata-samādhi«) sowie dem unterstützenden Karma (»upatthambhaka-kamma«), dem im nächsten Leben reifenden Karma (»upapajja-vedanīya-kamma«) und dem in irgendeinem späteren Dasein reifenden Karma (»aparâpariya-vedanīya-kamma«).

Und dann gibt es in Indien natürlich auch noch Herrscher mit dämonischen Kräften (»rakshi shaktishali shasak«), gekochte Papaya im Kupferkessel (»peetal ke patile mein paka hua papita«) und Kamele, wobei zu beachten ist, daß sowohl das Kamel im ganzen als auch sein Rücken und sein Schwanz räumlich hoch erhaben sind:

Unth uncha, unth ki peeth unchi. Unchi poonchh unth ki.

Zudem wird gemeldet, der Onkel habe die Tante in Chandni Chonk mit einem silbernen Löffel gefüttert:

> **Chacha ne chachi ko Chandni Chonk me chandi ke chamach se chatni chatai.**

Kurzum: »Begreife das Begreifen, indem du es begreifst. Das Begreifen des Begreifens ist selbst ein Begreifen. Wer das Begreifen nicht begreift, nachdem er es begriffen hat, der hat für meine Begriffe nichts begriffen.«

> **Samjh samjh ke samjh ko samjho ... samjha samjhna bhi ek samjh hai ... samjh samjhke jo na samjhe ... meri samajh me wo na samajh hai.**

Hēi huà féi fā huī

»Ràokǒulìng«
Weltmacht China

Mindestens eine Generation bundesdeutscher Kinder hat die frühesten Eindrücke von der chinesischen Kultur aus Michael Endes 1960 erschienenem Roman »Jim Knopf und Lukas der Lokomotivführer« empfangen und sich eingeprägt, China sei eine absolutistisch regierte Monarchie mit den Nationalgerichten Eichhörnchenohrensalat, panierte Pferdeäpfel in Elefanten-Sahne und Froschlaichpudding. Erst in späteren Auflagen ist China in das fiktive Land »Mandala« umgetauft worden.

Viel exotischer als die von Ende erdachten Menüfolgen klingen in westlichen Ohren jedoch die Laute, mit denen man sich im Reich der Mitte erfolgreich zu verständigen pflegt:

Mā mǎ qí mǎ, ma màn, mā mā mà mǎ.

Durch die richtige Akzentuierung und Intonation der Vokale ergibt sich daraus der Sinn: »Mutter reitet auf einem Pferd. Das Pferd bewegt sich langsam. Mutter schimpft mit dem Pferd.« Das mag man nun glauben oder auch nicht. Von sinologischer Seite werden noch ganz andere Beispiele angeführt:

Lǎoshī shìbúshi sìshísìsuìde?

»Ist der Lehrer 44 Jahre alt?«

Sì shì sì, shí shì shí, shí sì shì shí sì, sì shí shì sì shí, sì shí sì
zhī shí shī zi shì sǐ de.

»4 ist 4, 10 ist 10, 14 ist 14, 40 ist 40, 44 steinerne Löwen sind
tot.«

Hēi húdǐe fēi, hūi húdǐe fēi, hēi húdǐe fēiwán, hūi húdǐe fēi.

»Der schwarze Schmetterling fliegt, der graue Schmetterling
fliegt; nachdem der schwarze Schmetterling geflogen ist, fliegt
der graue Schmetterling.«

Hēi huà féi fā huī, huī huà féi fā hēi.
Hēi huà féi fā huī huì huī fā, huī huà féi huī fā huì fā hēi.

»Schwarzer chemischer Kunstdünger kann grau werden, grauer
chemischer Kunstdünger kann schwarz werden. Schwarzer chemischer Kunstdünger kann sich auflösen, wenn er grau wird;
grauer chemischer Kunstdünger kann schwarz werden, wenn
er sich auflöst.«

Zhuō shàng yǒu gè pén, pén lǐ yǒu gè píng, pèng pèng
pèng, shì píng pèng pén, hái shì pén pèng píng?

»Eine Schüssel auf dem Tisch, es ist eine Flasche in der Schüssel, peng peng peng, schlägt die Flasche an die Schüssel oder die
Schüssel an die Flasche?«

Niúláng liàn liúniáng, liúniáng niàn niúláng, niúláng
niánnián liàn liúniáng, liúniáng liánlián niàn niúláng.

»Der Kuhhirte sehnt sich nach Frau Liu, Frau Liu schmachtet
nach dem Kuhhirten, der Kuhhirte sehnt sich jahrein, jahraus
nach Frau Liu, Frau Liu schmachtet immerdar nach dem Kuhhirten.«

Genug! Es dürfte ohnehin kein Zweifel mehr daran bestehen, daß Jim Knopf und Lukas der Lokomotivführer das chinesische Festland weiter verfehlt haben als Kolumbus die indische Ostküste, und es wird Zeit für das Schlußwort: »Auf einem grünen Berg wächst ein Weinstock. Am Weinstock hängt eine Kupferglocke. Wenn der Wind weht, bewegt sich der Weinstock, und auch die Glocke bewegt sich. Wenn der Wind sich legt, steht der Weinstock still, und auch die Glocke steht still.«

Qīng qīng shān shàng yī gēn téng, qīng téng dǐ xià guà tóng líng, fēng chuī téng dòng tóng líng dòng, fēng tíng téng tíng tóng líng tíng.

Der Rest ist Schweigen

Und die Japaner? Die Vietnamesen? Die Kambodschaner? Die Aborigines? Die Kuschiten? Die Nubier? Die Cheyenne? Es steht außer Frage, daß die hier zitierten Zungenbrecher nur einen winzigen Bruchteil der menschengemachten Gesamtmenge darstellen, und auf furchtlose Schatzsucher warten noch unendlich viele Fundsachen. Doch die Sache sollte nach Möglichkeit nicht in Arbeit ausarten, denn so wichtig wie die nächste Rentenreform, die Einhaltung des Atomwaffensperrvertrags oder die Abschaffung der Käfighaltung von Legehennen sind Zungenbrecher ja nun auch wieder nicht. Bei aller Liebe. Es gilt Max Goldts Gesetz: »Trivialität darf nie mehr Raum einnehmen als die ein oder zwei unnatürlich gefärbten Cocktailkirschen in einem Dosenfruchtsalat.«